유래를 통해 배우는
초등 사회 3. 문화

그래서 이런 풍속이 생겼대요

유래를 통해 배우는
초등 사회 3. 문화

그래서 이런 풍속이 생겼대요

우리누리 글 | 신명환 그림

길벗스쿨

책머리에

어릴 적에 제 친구들은 12월이 되기도 전에 크리스마스를 기다렸어요. 산타할아버지 대신 부모님이 갖고 싶은 선물을 사 주기 때문이었지요. 하지만 우리 부모님은 선물을 사 주지 않았어요. 나는 왜 나만 크리스마스 선물을 못 받느냐고 투정을 부렸지요.

"크리스마스가 우리 풍속도 아닌데 웬 선물 타령이냐?"

그래서 나는 설날을 손꼽아 기다렸답니다. 세뱃돈을 주는 설날 풍속은 잘 지키셨으니까요.

지금도 설날이 되면 사람들은 맛있는 떡국을 배부르게 먹고, 곱게 세배를 드리고, "건강해라, 예뻐져라, 복 많이 받아라." 라는 덕담을 나누지요. 어린이들은 세뱃돈이나 새 옷 같은 선물을 받기도 하고요. 그때마다 설날에 세뱃돈을 받는 훌륭한 풍속은 누가 만들었는지 고마운 마음이 들지 않나요?

풍속은 옛날 사람들이 살았던 흔적이에요. 어떤 음식을 먹고, 어떤 옷을 입고, 어떤 집에 살며, 무슨 일을 했는지. 어떤 날을 명절로 삼고, 무슨 행사를 하고, 무슨 놀이를 했는지. 사람들이 태어나서 자랄 때까지 어떻게 지냈

는지. 옛날 사람들의 생활 모습이 고스란히 담겨 있지요. 그런데 풍속을 누가, 언제, 어떻게 만들었는지 정확하게는 알 수 없어요. 사람들이 옛날부터 오랫동안 살아 온 모습이 쌓여서 풍속이 된 것이니까요.

　풍속 중에는 설날, 추석, 돌잡이, 폐백처럼 지금까지 이어져 오는 것도 있지만 지금은 사라지거나 모습이 변한 것도 많아요. 사회가 변함에 따라 사는 모습도 달라지기 때문이지요. 지금까지 이어져 온 풍속은 더 훌륭하고, 사라진 풍속은 가치 없는 것은 아니랍니다. 그러고 보면 지금 우리가 사는 모습도 몇백 년이 지난 뒤에는 풍속으로 여겨지겠지요! 어떤 모습이 미래의 후손들에게 기분 좋은 풍속으로 남겨지게 될까요?

　이 책에서는 우리나라의 풍속과 함께 세계의 풍속도 담았어요. 다른 나라의 풍속을 알게 되면 그 나라의 문화를 훨씬 잘 이해할 수 있답니다. 이 책을 읽는 독자들이 우리와 세계의 풍속을 통해 우리 문화와 세계 문화를 잘 이해할 수 있으면 좋겠습니다.

글쓴이 우리누리

차례

1장 의식주 생활 풍속

중요한 날 꼭 먹는 **떡** ……12
고춧가루로 버무린 **빨간 김치** ……14
구수한 발효 음식 **된장** ……16
달콤한 술 **식혜** ……18
오래오래 따뜻한 **온돌** ……20
장맛을 지켜 주는 **옹기** ……22
넉넉한 아름다움 **한복** ……24
흰옷을 즐겨 입은 **백의민족** ……26
더위도 쫓고 멋도 부리는 **부채** ……28
선비들의 시원한 여름 나기 **탁족** ……30
지역마다 다른 **이사 풍습** ……32
우리 집을 지키는 **여러 신들** ……34
함께 일하는 농촌 공동체 **두레** ……36

2장 열두 달 세시 풍속과 민속놀이

설날 밤 찾아오는 **야광귀** ……40
정월 대보름날 **더위팔기** ……42
영등날 내려오는 **영등할머니** ……44
찬밥 먹는 날 **한식** ……46
창포물에 머리 감는 **단오** ……48
우물 청소하는 **칠석** ……50
송편 먹고 차례 지내는 **추석** ……52
동짓날 먹는 **팥죽** ……54
섣달그믐 **수세** ……56

풍년을 점치는 **윷놀이** ……58
액운을 훨훨 **연날리기** ……60
편을 갈라 **동채싸움** ……62
담 너머를 훔쳐보는 **널뛰기** ……64
청년들의 힘겨루기 **씨름** ……66
공주가 되어 **놋다리밟기** ……68
추석날 밤 **강강술래** ……70
암줄 편이 이겨야 좋은 **줄다리기** ……72
흥겨움이 가득한 **탈춤** ……74

3장 태어나서 죽을 때까지 전통 의례 풍속

아이가 태어나면 **금줄 치기** ……78
귀한 아기에게 **못난 이름 붙이기** ……80
첫돌을 기념하는 **돌잔치** ……82
어른이 되는 의식 **관례와 계례** ……84
신부 부모님께 감사하는 마음을 담은 **함** ……86
첫날밤을 몰래 훔쳐보는 **신방 지키기** ……88
밤 대추 던지는 **폐백** ……90
만 육십 세를 축하하는 **환갑잔치** ……92
저승사자를 위해 차리는 **사잣밥** ……94
부모님을 그리워하며 **시묘살이** ……96

4장 우리 조상들의 믿음, 민속 신앙

행운을 가져다주는 **꿈 팔기** ……100
아기를 점지해 주는 **삼신할머니** ……102
풍년을 바라는 **고수레** ……104
귀신 쫓는 그림 **세화** ……106
서낭신 모시는 **서낭당** ……108
당산나무에 치렁치렁 **물색** ……110
마을을 지키는 **장승** ……112
오리가 올라앉은 **솟대** ……114
무섭고도 귀여운 **도깨비** ……116
고사 때 쓰는 **돼지머리** ……118
땅에도 기운이 있다는 **풍수지리** ……120
십이지 동물로 정하는 **열두 띠** ……122
굿을 하고 점을 치는 **무당** ……124

5장 세계의 세시 풍속

폭죽으로 악귀를 쫓는 중국 설날 **춘절** ……128
러시아 봄맞이 축제 **마슬레니차** ……130
물감 던지며 새해를 맞는 인도의 **홀리 축제** ……132
물 뿌리며 복을 비는 태국의 **송크란** ……134
오렌지 던지며 즐기는 벨기에의 **뱅슈 카니발** ……136
색칠한 달걀을 나누는 **부활절** ……138
페루 원주민의 **태양제** ……140
이슬람교의 금식 기간 **라마단** ……142
미국의 추석 **추수 감사절** ……144

무서운 귀신 변장을 하는 **핼러윈** ……146
납팔죽을 끓여 먹는 **납팔절** ……148
산타 할아버지가 오는 날 **크리스마스** ……150

6장 세계의 의식주 생활 풍속

제갈공명이 만든 음식 **만두** ……154
인간을 만든 재료가 된 **옥수수** ……156
음식을 **손으로 먹는 풍습** ……158
베트남의 결혼식 예물 **쩌우** ……160
인도 사람들이 숭배하는 **소** ……162
중국 전통 의상 **치파오** ……164
베트남의 아름다운 옷 **아오자이** ……166
머리와 얼굴을 가리는 이슬람 옷 **히잡** ……168
여러모로 쓰임새가 많은 옷 **판초** ……170
눈으로 만든 집 **이글루** ……172
초원의 천막집 **게르** ……174
물 위에 지은 집 **수상 가옥** ……176
티베트의 특별한 장례식 **천장** ……178

부록 24절기와 풍속 달력 ……180

1장 의식주 생활 풍속

중요한 날 꼭 먹는 **떡**
고춧가루로 버무린 **빨간 김치**
구수한 발효 음식 **된장**
달콤한 술 **식혜**

오래오래 따뜻한 **온돌**
장맛을 지켜 주는 **옹기**
넉넉한 아름다움 **한복**

흰옷을 즐겨 입은 **백의민족**
더위도 쫓고 멋도 부리는 **부채**
선비들의 시원한 여름나기 **탁족**
지역마다 다른 **이사 풍습**

우리 집을 지키는 **여러 신들**
함께 일하는 농촌 공동체 **두레**

중요한 날 꼭 먹는 떡

　보성댁은 수수떡에 팥고물을 묻히다 말고 떡시루를 살펴보았어요. 가마솥에 올린 시루(떡이나 쌀을 찔 때 쓰는 그릇)에서는 하얀 김이 폴폴 올라오고 있었지요.
　"흠, 거의 다 익었군. 수수팥떡도, 백설기도 아주 잘되었네."
　흐뭇하여 웃음이 절로 나왔어요.
　보성댁은 지금 손자 수호의 백일잔치에 쓸 떡을 정성스레 준비하고 있어요. 백일이나 돌잔치에서 떡은 가장 중요한 음식이에요. 아기를 위한 여러 가지 기원을 담아 만들거든요.

아기가 티 없이 건강하게 크기를 바라는 마음에서 백설기를 쪄 내고, 부정한 귀신이 붙지 못하게 막아 주는 수수팥떡도 만들었어요. 아기가 커서 부귀영화를 누리고 자신의 꿈을 마음껏 펼치라고 층층이 다른 색을 넣어 고운 무지개떡도 만들었지요. 속을 꼭꼭 채운 오색 송편은 아기가 속이 꽉 찬 사람이 되라는 마음을 담아 하나하나 정성스레 빚어냈어요.

떡을 다 만든 뒤 보성댁은 식구들을 모두 불러 모았어요.

"떡을 이웃에 돌리고 오렴. 잔치 전에 백 집이나 돌리려면 서둘러야 해."

식구들은 떡을 나눠 들고 바삐 나갔어요. 백일 떡은 백 집과 나누어 먹어야 아기가 건강하게 오래오래 살 수 있다는 말이 있거든요. 식구들이 백설기를 돌리는 동안 보성댁은 수수팥떡을 접시에 담아 집의 동서남북에 각각 한 접시씩 두고 빌었어요.

"부정한 귀신이 우리 수호 곁에 얼씬도 못하게 해 주십시오."

두 손을 모아 빌며 정성껏 기도했어요. 이런 보성댁의 정성에 답하기라도 하듯 방 안에서는 손자 수호가 색색 편안한 숨을 쉬며 잠을 자고 있네요.

우리 조상들은 아주 오랜 옛날부터 떡을 먹었어요. 청동기 시대에 이미 흙으로 만든 시루에 곡식 가루를 쪄서 떡을 만들어 먹었으니까요. 지금도 중요한 날에는 꼭 떡을 해요. 아기의 백일과 돌, 결혼식, 이삿날 등에는 떡을 하여 이웃들과 나누어 먹는 것이 우리 민족의 오랜 풍습이지요. 제사에도 명절에도 떡은 빠지지 않는 음식이에요. 뿐만 아니라 액막이 떡이라 하여, 똥통에 빠진 것처럼 나쁜 일이 생겼을 때도 떡을 하여 제사를 지내고 여럿이 나누어 먹으며 이겨 냈답니다.

고춧가루로 버무린
빨간 김치

    조선 시대 한양(지금의 서울)에 있던 한 주막집은 늘 손님으로 북적거렸어요. 문경 새재에서 온 돌쇠는 장사 비법을 배우기 위해 여기서 일을 하고 있었지요. 돌쇠가 하는 일이라고는 불 앞에서 안주 굽기, 돈 안 내고 도망가는 손님 잡기 등 허드렛일뿐이었지만 언젠가는 비법을 배울 수 있을 거라 믿었지요.

    어느 날, 주모는 김치를 담갔어요. 먼저 무를 나박나박 썰고, 하얀 소금을 듬뿍 뿌렸는데, 돌쇠 보기에 새로운 것은 아니었어요. 그런데 다음 순간 주모가 빨간 왜개자를 들고 나왔어요. 왜개자는 왜(지금의 일본)에서 들어온 채소인데, 칼칼하고 매워서 조선 사람들은 잘 먹지 않았어요.

"지금 술 담가요? 왜개자 씨를 소주에 넣어 먹는다는 말은 들었는데."

"아니, 이걸 갈아서 김치에 넣을 거야. 그럼 무가 쉽게 무르지 않아 오랫동안 아삭아삭하게 먹을 수 있지."

'아니, 그럼 이게 이 집의 음식 비법이란 말인가?'

돌쇠는 빨간 왜개자 가루를 넣은 나박김치를 덥석 집어 먹었어요.

"아악! 매워라. 아이고, 매워. 물, 물, 물!"

돌쇠는 혀가 얼얼하고 정신이 아득해져 물을 몇 사발 들이켰어요.

'이걸 좋아한다니. 거 참, 한양 사람들 입맛은 희한하기도 하네.'

그런데 돌쇠에게 희한한 일이 또 생겼어요. 입안에서 매운맛이 가시고 나자 이상하게 매운 나박김치가 또 먹고 싶은 거예요.

"그래! 왜개자를 넣은 나박김치가 비법이 맞구나."

주막집의 비법을 눈치챈 돌쇠는 고향으로 돌아가 주막을 열었어요. 맑은 국밥과 함께 내는, 빨갛고 알싸한 나박김치 덕분에 돌쇠의 주막은 문경새재 인근에서 가장 장사가 잘되었답니다.

왜개자는 고추의 옛 이름이에요. 고추는 임진왜란 이후 우리나라에 들어왔어요. 따라서 지금처럼 빨갛고 매콤한 김치는 조선 후기부터 먹었답니다. 그 전까지 김치는 채소를 소금에 절인 하얀 장아찌였어요.

구수한 발효 음식 된장

조선 선조 임금 때 일이었어요. 임진왜란을 일으켰던 왜군들이 오 년 뒤 다시 쳐들어오자 임금은 또다시 피란을 가야 했어요.

궁중 사람들은 피란 짐을 싸느라 정신이 하나도 없었어요. 그 사이 선조 임금과 조정 신하들도 피란지로 보낼 사람들을 결정하느라 바빴지요. 그중에는 간장, 된장을 담당하는 합장사도 포함되어 있었어요. 조선 시대에는 임금이 피란을 가게 되면, 먼저 합장사를 피란지로 보내 임금이 먹을 장을 담그게 했거든요.

"평안도로 가게 되었으니, 평안도 병마절도사를 지낸 신잡을 합장사로 임명하노라. 신잡은 당장 떠나도록 하라."

"전하, 아니 되옵니다. 신씨를 합장사로 삼는 법은 없습니다. 신이라는 성은 장 담그기를 꺼리는 날인 신일(매울 신辛, 날 일日)과 소리가 같으니 좋지 않습니다. 음식의 기본이 되는 장이 시어지면 어쩌시려고 그러시옵니까. 절대로 아니 되옵니다."

선조 임금은 신하들의 충고를 듣고 다른 사람을 합장사로 뽑아 서둘러 피란지로 보냈답니다.

물론 '신' 일에 장을 담그거나 '신' 씨가 장을 담그면 장이 시어진다는 말이 과학적이지는 않아요. 하지만 우리 조상들은 장 담그는 일을 워낙 중요하게 생각했기 때문에 가리는 것이 많았어요. 장 담그는 날 아침에는 목욕재계를 하고, 장을 담그는 동안 말도 하지 않았지요. 새로 담근 장을 놓아둔 장독대에는 금줄을 치고, 항아리에 하얀 종이를 버선 모양으로 오려서 거꾸로 붙이기도 했어요. 그래야 나쁜 귀신이 장을 상하게 하는 일을 막을 수 있다고 믿었으니까요.

간장과 된장은 오랜 옛날부터 우리 전통 음식의 기본 양념이었어요. 우리 조상들은 삼국 시대 이전부터 된장을 먹었어요. 간장과 된장은 콩으로 만들어요. 콩을 삶아 으깨어 메주를 빚어 잘 발효시켜 말린 뒤 소금물에 담가요. 메주가 충분히 우러나면 위에 뜬 물은 달여 간장을 만들고, 아래 가라앉은 메주로는 된장을 만들지요.

달콤한 술 식혜

　조선 영조 임금 때 일이에요. 나라에 흉년이 들어 많은 백성들이 굶주렸어요. 하지만 몇몇 양반들은 창고에 쌓아 둔 쌀로 술을 빚어 흥청망청 마시고 취했지요. 임금은 귀한 쌀을 술로 낭비하는 것을 두고 볼 수 없었어요.
　"전국에 금주령을 내리노라."
　양반이든 상민이든 집에서 술을 담글 수 없고, 술을 마셔서도 안 된다는 어명을 내렸지요. 하지만 군사들과 농민들이 힘들게 일한 뒤 막걸리와 보리

술을 마시는 것만은 허락했답니다. 왕이 막으려던 것은 쌀을 낭비하며 고급 술을 만들어 먹는 양반들이었으니까요.

"왕인 나 또한 술을 단 한 방울도 마시지 않겠다. 나라의 제사와 모든 행사에도 술 대신 단술을 쓰도록 하라. 금주령을 어긴 자는 누구라도 엄중하게 벌할 것이다."

사실 영조는 이전에도 여러 번 금주령을 내렸지만 잘 지켜지지 않았어요. 술을 마시다 들키면 벼슬을 빼앗기고 귀양을 가야 하는 줄 알면서도, 술을 좋아하는 양반들은 여전히 몰래 술을 마셨지요.

그러다 윤규연이라는 자가 금주령을 어긴 죄로 사형을 당하고 말았어요. 이를 지켜본 사람들은 깜짝 놀랐지요. 평소에 술은 사람의 정신을 어지럽힌다 생각했던 이익이라는 학자도 자손들이 제사상에 술을 올리다 벌을 받을까 염려하였어요. 그래서 죽기 전에 이런 유언을 남겼답니다.

"내가 죽거든 제사상에 절대로 술을 올리지 말고, 단술만 올려라."

그래서 이익의 자손들은 제사상에 술 대신 단술, 즉 식혜를 올렸답니다.

식혜는 밥과 엿기름을 함께 발효시켜 만드는 우리나라 전통 음료예요. 술의 주요 성분인 알코올은 들어 있지 않지만 달콤한 술이라 하여 감주(달 감甘, 술 주酒) 또는 단술이라 부르기도 하지요. 식혜가 언제 어떻게 처음 만들어졌는지는 정확히 알 수 없지만, '식혜'라는 이름이 1740년에 나온 조선 시대의 요리책 《수문사설》에도 나오는 것으로 보아 300년 전에도 이미 널리 사랑받는 음료였다는 것을 알 수 있지요.

오래오래 따뜻한 온돌

　프랑스에서 온 여행가 뒤크로 씨는 중국에서 조선으로 넘어오다 그만 길을 잃었어요. 비까지 내리기 시작하자 뒤크로 씨는 추워서 견딜 수 없었어요. 그 때 멀리서 불빛이 보였어요. 불빛은 중국의 집과 다르게 생긴 조선의 초가집에서 나왔지요.
　"볏짚으로 지붕을 겨우 얹은 초라한 집인데, 괜찮을까? 그냥 나무 밑에서 비를 피할까?"

뒤크로 씨가 고민을 하고 있을 때 집에서 어떤 할머니가 나왔어요.

노랑머리의 서양 사람을 난생 처음 본 할머니는 깜짝 놀랐지만 곧 덜덜 떨고 있는 그를 도와주어야겠다고 생각했지요. 할머니는 다짜고짜 뒤크로 씨 팔을 잡고 방으로 이끌었어요.

"어서 방으로 들어가요. 아궁이에 불을 때서 방이 아주 따뜻해."

뒤크로 씨는 할머니 말을 알아들을 수는 없었지만 계속 방으로 들어가라는 손짓을 하자 따라 들어갔어요. 방 안에 발을 들여놓는 순간 뒤크로 씨는 깜짝 놀랐어요. 방바닥이 놀랄 만큼 따뜻했던 거예요. 할머니는 이불을 깔아 놓은 아랫목에 뒤크로 씨를 앉혔어요.

"와! 방이 이렇게 따뜻하다니! 도대체 방바닥을 어떻게 한 거지? 일본과 중국을 다 다녀봤지만 이렇게 따뜻한 방은 처음인걸."

뒤크로 씨는 다음 날, 이 신기한 온돌방을 자세히 살펴보기 시작했어요.

"와우! 부엌에 놓인 아궁이에 불을 때면 뜨거운 불기운이 방을 통과하면서 따뜻하게 되는 거구나!"

뒤크로 씨는 감탄을 거듭했어요. 온돌은 한 번 불을 때서 난방과 취사를 동시에 해결할 수 있어 경제적이었어요. 아침밥을 지을 때 아궁이에 불을 때면 온종일 방이 따뜻했다가, 방이 식을 때쯤 저녁밥을 지으면 다음 날 아침까지 따뜻하게 지낼 수 있다는 사실을 알고 더욱 놀랐지요.

온돌은 아궁이에 나무 등으로 불을 때서 방바닥을 데우면 방 전체가 따뜻해지는 난방법이에요. 방바닥에는 구들장이라는 편평한 돌들이 깔려 있는데, 불을 때면 바로 이 구들장이 뜨거워지면서 방바닥이 따뜻해지지요. 구들장은 쉽게 식지 않아 한 번 불을 때면 따뜻한 기운이 오랫동안 유지된답니다.

장맛을 지켜 주는 옹기

"에구머니나!"

며느리는 깜짝 놀라 그만 항아리 뚜껑을 떨어뜨리고 말았어요. 시어머니는 와장창 항아리 깨지는 소리에 놀라 장독대로 달려 나왔지요.

"무슨 일이냐?"

"어머니, 이 일을 어쩌지요? 장맛이 이상해요."

시어머니는 손가락에 장을 찍어 맛을 보았어요. 짭짤하고 달큼해야 할 장

맛이 씁쓸하고 떫었어요.

"올해부터는 네가 장을 담그겠다고 해서 맡겼더니 이걸 어쩌누?"

"저는 분명 어머니가 가르쳐 주신 대로 했어요."

시어머니는 장이 담긴 항아리를 유심히 살펴보고, 통통 두들겨 보았어요. 그러더니 고개를 절레절레 저었지요.

"옹기가 문제구먼. 이 항아리는 쉰 독이야. 오뉴월 습한 날씨에 구운 쉰 독 말이야. 쉰 독은 숨구멍이 제대로 안 뚫려서 장이 익지 않고 상할 수밖에 없어. 그래서 쉰 독은 물독이나 소금 독으로나 쓰지, 음식은 못 담아."

"숨구멍요? 항아리에 무슨 구멍이 있다고 그러세요?"

며느리는 고개를 갸웃거렸어요. 항아리에 구멍이 있다면 안에 든 장이 줄줄 새어 나올 테니까요.

"옹기에는 눈에 보이지 않는 아주 작은 구멍이 있어. 공기는 통하고 물은 새지 않을 만큼 작은 구멍. 그 숨구멍이 제대로 뚫려 있어야 옹기 속 음식이 제대로 발효되는 거야."

"그럼 나쁜 항아리가 장을 망쳤단 말이네요? 아이고, 속상해라."

옹기는 투박하게 생겼어도 간장, 고추장, 된장, 김치, 술은 물론이고 젓갈과 같은 발효 음식을 맛있게 익혀 주는 특별한 그릇이에요. 옹기의 비밀은 흙에 섞인 작은 모래 알갱이에 있어요. 옹기를 불에 구우면 입자가 거친 모래 알갱이 때문에 옹기 표면에 아주 작은 틈이 생기는데, 이 틈이 옹기의 숨구멍이에요. 옛날 어른들은 날마다 아침저녁으로 옹기를 닦아 숨구멍이 막히지 않게 신경을 썼답니다.

넉넉한 아름다움 한복

순덕이는 잠이 오지 않았어요. 내일이 벌써 설날인데 어머니가 음식 준비만 하고 있으니까요.

"어머니, 바느질은 언제 해요?"

"좀 이따가."

순덕이는 그만 눈물이 핑 돌았어요. 어머니는 몇 달 전부터 밤마다 바느질을 하여 할머니 저고리도 짓고 아버지 두루마기, 언니 다홍치마, 돌이 갓

지난 남동생의 색동저고리와 풍차바지도 새로 지었어요. 하지만 순덕이의 치마저고리는 아직까지 감감무소식이랍니다.

"동무들은 다 새로 지은 설빔을 입고 세배 올 텐데 나만 언니한테 물려받은 누더기 헌옷을 입게 생겼으니 창피해서 어째."

순덕이는 베개에 얼굴을 묻고 엉엉 울다 잠이 들었어요.

"설날 아침에 늦잠 자는 녀석이 누구냐."

이튿날 아침, 아버지의 낮은 목소리에 순덕이는 번쩍 눈을 떴어요. 울다 잠이 든 탓에 퉁퉁 부은 눈으로 새 옷 입은 언니 모습이 들어왔어요. 순덕이는 속이 상해서 눈을 질끈 감았어요.

"또 자게? 제일 먼저 일어나 새 옷 자랑하러 나갈 줄 알았더니."

새 옷이라는 말에 순덕이 눈이 번쩍 뜨였어요. 그러고 보니 머리맡에 노랑 저고리와 분홍 치마가 살포시 놓여 있는 게 아니겠어요? 어머니가 밤을 새워 만들어 놓은 것이 분명했어요.

"우아! 새 옷이다. 설빔이야!"

순덕이는 새로 지은 치마저고리를 깨끗하게 아껴 입기로 마음먹었어요. 순덕이의 키와 몸이 자라는 데 따라 어머니가 조금씩 고쳐 지어 주실 거고, 앞으로 몇 년은 두고두고 입을 옷이니까요.

한복은 예로부터 우리 민족이 입어 온 전통 옷이에요. 치마와 바지의 통이 넓고 넉넉해서 방바닥에 앉았다 일어났다 하며 생활하는 우리 민족에게 딱 맞는 편한 옷이지요. 한복은 치마는 물론이고 바지나 저고리조차도 옷본의 모양이 복잡하지 않아서 지어 입거나 고쳐 입기가 쉬워요. 그래서 집집마다 부녀자들이 가족들 옷을 손수 지었어요.

흰옷을 즐겨 입은 백의민족

　옛날부터 우리 민족은 흰색 옷을 즐겨 입었다고 알려졌지만 고려 말부터 조선에 이르기까지, 나라에서는 흰색 옷을 입지 말라는 명을 여러 차례 내렸어요. 조선 현종 임금 때도 그런 적이 있었지요.
　"흰옷은 쉽게 더러워지고, 자주 빨게 되어 옷감이 금세 상합니다. 흰옷을 금지하여 백성들의 생활을 더욱 윤택하게 하시옵소서."
　조정 관리들의 말을 들은 현종 임금은 관리들과 일반 백성들 모두에게 흰색 옷을 입지 못하게 했어요.

"조정의 관리들은 검은 옷을 입고, 백성들은 청색 옷을 입게 하라. 군인들의 모자에도 흰색이나 회색을 사용하지 말라. 다만 상복만은 예외로 하라."

지엄한 임금의 명령이 방방곡곡에 퍼졌어요. 관리들은 검은 옷을 입고 조정에 나갔어요. 하지만 일반 백성들은 여전히 흰옷을 즐겨 입었어요. 관리들도 관청에 나갈 때는 색깔 있는 옷을 입었지만 집에서는 흰옷을 즐겨 입었지요.

영조 임금 때는 더욱 강력하게 색깔 있는 옷을 권했어요.

"흰옷, 엷은 옥색의 옷을 입은 자는 과거를 보지 못하게 하라. 관리들은 모두 청색 옷을 입도록 하라."

영조의 강력한 정책 덕분에 양반들은 주로 청색 옷을 입었어요. 청색은 가장 손쉽게 물들일 수 있는 색깔이었지요. 하지만 백성들은 계속 흰옷을 즐겨 입었어요. 1920년대 우리나라를 방문했던 외국인이 "사람들이 모이는 시장은 마치 솜밭같이 희다."라고 말했을 정도로 우리 민족의 흰옷 사랑은 대단했답니다.

옛 기록을 보면, 삼국 시대 이전에 있었던 부여의 사람들도 저고리와 바지, 겉옷까지 모두 흰색으로 입었다고 적혀 있지요.

시대에 따라 옷으로 신분을 구분하려고 백성들이 색깔 옷을 입지 못하게 한 적도 있고, 반대로 백성들에게 흰옷을 입지 못하게 한 적도 있지만, 백성들은 언제나 흰옷을 즐겨 입었어요. 정확히 말하면 흰색이 아니라 물들이지 않은 무명이나 삼베를 그대로 입은 거예요.

더위도 쫓고 멋도 부리는
부채

조선 시대의 일이에요. 정약용은 누명을 쓰고 전라남도 강진에서 귀양살이를 하고 있었어요. 작고 초라한 초가집에서 글을 읽고, 찾아오는 동네 젊은이들에게 학문을 가르치며 시간을 보냈지요.

그러던 어느 날, 정약용처럼 억울한 귀양살이를 하던 친구가 귀양에서 풀려나 한양으로 가는 길에 강진에 들렀어요.

"나만 먼저 풀려나니 미안할 따름일세."

"아니네. 누구든 억울한 귀양살이에서 풀려나야지."
친구는 부탁할 일이 있으면 무엇이라도 들어주겠다며 물었지요.
"부탁할 것은 없고, 자네 부채에 시나 한 수 써 주겠네."
정약용은 붓을 꺼내 부채에 시를 한 수 적어 주었어요. 한양에 올라간 친구는 이 부채를 들고 당시 권력을 잡고 있던 김조순을 찾아갔어요.
"인사를 드리려고 찾아왔습니다. 아이고! 날씨가 참 덥네."
친구는 김조순 앞에서 부채를 쫙 펼쳐 부쳤어요.
"오늘은 별로 덥지도 않은데……."
김조순은 의아해하며 쳐다보다 부채에 쓰인 시를 발견했어요.
"그 부채에 쓰인 글씨가 참 좋소. 누가 쓴 것이오?"
"정약용에게 들렀더니 부채에 시를 한 수 적어 주더이다. 읽어 보시겠소?"
친구는 부채를 건넸어요.
'…… 고향이 그리워서 눈물이 줄줄 맺힌다.'
시의 마지막 구절을 읽고 난 김조순은 고향을 그리워하는 정약용의 간절한 마음을 알아차렸어요. 그 뒤 정약용은 18년 간의 긴 귀양 생활을 끝내고 고향으로 돌아갈 수 있었답니다.

옛날 선비들은 더위를 쫓는 데는 물론이고, 멋을 부리기 위해 부채를 들고 다니기도 했어요. 때로는 부채에 그림이나 시를 써 넣으며 예술 활동을 즐기기도 했지요.

조선 시대에는 살(부채의 뼈대 부분)이 아주 길고 많은 부채를 만들거나, 화려한 장신구를 부채에 다는 일이 많아지자 나라에서 이런 부채를 금지하기도 하였답니다.

선비들의 시원한 여름 나기
탁족

한여름이 되자 유난히 더위에 약한 허 생원은 땀을 뻘뻘 흘렸어요. 농사일을 끝낸 농부들은 옷을 훌렁 벗고 개울물로 뛰어들고, 여자들도 밤이면 깊은 계곡을 찾아가 시원하게 목욕을 했지만 허 생원은 그럴 수 없었어요. 양반 체통을 지키느라 마음 놓고 옷을 벗을 수도 찬물에 몸을 담글 수도 없었지요. 그저 부채를 활짝 펼쳐 부치는 것으로 더위를 쫓았어요.

"아이고, 더워라. 여봐라, 게 누구 없느냐? 세족 준비 좀 해 오너라."

허 생원은 사랑방 마루에 걸터앉아 세숫대야에 발을 담갔지요. 발이 시원해지면서 더위가 조금 가시는 것 같았어요.

"시원하게 흐르는 계곡물에 발을 담가야 하는데……."

허 생원이 혀를 끌끌 차고 있을 때 함께 공부했던 선비들이 놀러 왔어요.

"이런, 혼자서 세족을 하고 있었구먼. 그러지 말고 탁족이나 하러 가세."

"거 듣던 중 반가운 소릴세."

산속으로 들어가니 상쾌한 바람이 솔솔 불고, 청량한 계곡물이 콸콸 흘렀어요. 가슴이 뻥 뚫리는 것 같았지요. 허 생원은 판판한 바위를 골라 앉아 바짓단을 걷었어요.

"어디, 발을 좀 담가 볼까나?"

시원하게 흐르는 계곡물에 발을 담그자 기분이 하도 좋아서 저도 모르게 시가 읊어졌지요.

"창랑의 물이 맑으니 내 갓끈을 씻으리라."

다른 선비가 허 생원의 시를 받아 읊었어요.

"창랑의 물이 흐리니 내 발을 씻으리라."

선비들은 깨끗한 계곡물에 발을 담그고 싸 온 음식을 먹고, 시를 읊으며 여름 오후를 보냈답니다.

계곡물에 발을 담그고 여름 더위를 쫓는 것을 탁족이라고 해요. 옛날 양반들은 함부로 옷을 벗을 수 없다 보니 목욕이나 수영을 마음껏 하지 못했어요. 대신 여름이면 계곡물에 발을 담가 더위를 잊었지요. 탁족은 정신을 닦는 방법이기도 해요. 깨끗한 계곡물에 마음을 깨끗이 씻는다는 뜻도 있었으니까요. 그래서 탁족하는 모습을 그림으로 그려 방에 걸어 두고 그 의미를 새기기도 했지요.

지역마다 다른 이사 풍습

　대한(24절기의 하나로, 1월 20일경)이 지나고 며칠 뒤부터 제주도 사람들은 이사를 하고 집을 고치며 바쁘게 움직였어요. 동이 아버지도 이사를 도와줄 일손을 구하느라 바빴지요. 제주도에서는 신구간(대한에서 5일째 되는 날부터 입춘 3일 전까지의 약 일주일) 동안 이사를 하거나 집을 고치는 풍습이 있었어요. 짧은 기간 내 많은 사람들이 한꺼번에 이사를 하니 모두들 일손을 구하기가 쉽지 않았지요.

"하는 수 없다. 신구간에 체랑 키, 중요한 짐만 몇 가지 먼저 옮기고 나머지 짐은 다음에 일손을 구해서 옮기자."

할머니가 말했어요. 동이 아버지는 고개를 끄덕였지만 육지에서 시집을 온 동이 어머니는 영문을 몰라 어리둥절했지요.

"제주도에서는 체와 키만 옮기면 이사를 다 한 걸로 생각해."

"그래요? 우리 고향에서는 이사할 때 가마솥 속에 요강을 넣어 가요. 그래야 일이 술술 풀린다고요."

드디어 이삿날이 되었어요. 동이 아버지는 체와 키를 손수레에서 가장 좋은 자리에 올렸어요. 동이 어머니는 가마솥을 이고 나왔는데 뭔가 댕그렁거렸어요.

"엄마, 솥 안에 뭘 넣은 거예요?"

"우리 고향에서 하던 것처럼 가마솥 속에 요강을 넣었지. 이왕이면 뭍에서 좋다는 것, 섬에서 좋다는 것 다 하면 더 좋지 않겠냐?"

동이 어머니가 활짝 웃었어요.

"아이고! 요강이 밥솥에 들어갈 줄 알았으면 어젯밤 똥은 누지 말걸."

동이는 후회했지만 이미 늦었답니다.

우리 조상들은 이삿날을 신중하게 골랐어요. 손 없는 날을 골라 이사를 했지요. 손 없는 날의 '손'은 사람에게 해코지하는 나쁜 귀신이에요. 제주도에서는 신구간에 주로 이사를 했는데, 신구간은 신들이 하늘나라에 가고 없는 때라서 무엇을 하든 탈이 나지 않는 기간이라고 해요.

우리 집을 지키는 여러 신들

아주 옛날, 황우양이라는 천하제일의 목수가 있었어요. 어느 날 회오리바람이 불어 하늘에 있는 천하궁의 기둥이 기울어지고 지붕이 폭삭 무너지자, 옥황상제는 황우양을 찾았어요.

"황우양을 불러들여 천하궁을 다시 짓도록 하라."

황우양은 아름다운 부인을 혼자 남겨 두고 당장 하늘나라로 올라갔어요. 그런데 황우양이 없는 틈을 타 소진랑이 황우양의 집을 찾아왔어요.

"여보, 내가 돌아왔소. 어서 문을 여시오."

소진랑은 황우양인 척하며 부인에게 말했어요.

"남편이 벌써 돌아올 리가 없소."

총명한 부인은 속지 않았어요. 하지만 소진랑은 갖은 술수를 써서 부인을 자기가 사는 곳으로 데려가고 말았지요. 한편, 하늘나라 궁궐을 고치고 있던 황우양은 불길한 꿈을 꾸었어요.

"아무래도 이상해. 집에 무슨 일이 생긴 것이 분명해."

당장 집으로 달려가고 싶었지만 하늘나라 일을 하다 말고 갈 수는 없었지요. 황우양은 삼 년 걸릴 일을 석 달 만에 해치우고 부리나케 집으로 달려갔어요. 그리고 부인이 주춧돌 밑에 숨겨 둔, 피로 쓴 편지를 찾아냈지요.

'소진랑이 나를 끌고 가니 돌아오는 대로 나를 찾으러 오십시오.'

황우양은 바로 달려가 소진랑을 사로잡아 돌함에 가두었어요. 이후, 두 사람은 땅에 남아 금실 좋게 살다가 한날한시에 생을 마감했어요. 옥황상제는 혼이 되어서도 인간 세상을 떠나기 싫어하는 부부를 위해 황우양을 집 지키는 성주신으로, 부인을 집터 지키는 터주신으로 삼았답니다.

우리 조상들은 집 안에 여러 신들이 함께 살며 집 안을 지켜 준다고 생각했어요. 집 안을 지키는 신들 중 가장 으뜸이 되는 신은 성주신이에요. 그래서 집을 새로 지을 때나 이사를 할 때 성주신을 모시는 굿을 하지요. 터주신은 장독에, 조왕신은 부엌에 깃들어 있어요. 심지어 화장실에도 신이 있는데, 측신이라고 해요. 측신은 신경질이 많은 신이라 자칫 잘못하면 사람에게 해코지를 한대요.

함께 일하는 농촌 공동체
두레

논이 흠뻑 젖을 만큼 비가 내렸어요. 용정 마을 사람들은 모내기 준비로 바빴어요. 힘든 논일을 하는 남자들 등에는 땀이 마를 새가 없었지요.

"아이고! 우리 집은 일꾼이 부족해서 어떡하누?"

올망졸망한 어린 딸만 여섯 있는 김 서방은 모내기를 시작하기도 전에 한숨이 푹푹 나왔어요. 모내기처럼 힘든 농사일은 남자 일꾼을 구해서 해야 하지만 다들 자기 집 모내기를 하느라 바쁜 터라 일꾼 구하기가 여간 힘든

게 아니었어요.

　용정 마을에는 모내기와 가을걷이처럼 바쁜 농사일이 있을 때마다 일꾼이 없어서 걱정하는 집이 많았어요. 식구가 적은 옆집 오 서방도 마찬가지였지요. 걱정하던 끝에 오 서방은 좋은 생각이 떠올랐어요.

　'마을 남자들이 집집마다 돌아가면서 일을 함께해 주면 어떨까? 훨씬 빠르고 쉽게 농사일을 할 수 있을 것 같은데.'

　오 서방은 마을 훈장 어르신을 찾아가 생각을 말했어요.

　"정말 좋은 생각이구먼. 당장 마을 남자들을 모아 보게나."

　곧 마을 남자들이 모두 모였어요. 한집에서 다섯 명이 오기도 했지만 김 서방네처럼 달랑 혼자 온 집도 있었어요.

　"일꾼의 수와 상관없이, 땅이 넓고 좁음에 상관없이 우리 용정 마을의 농사일을 함께하는 모임을 만들면 어떻겠는가. 마을 남자들 모두 의무적으로 참여하면 우리 마을 농사일은 모두가 즐겁게 할 수 있을 것 같네."

　마을 사람들도 모두 찬성했어요. 덕분에 그해 용정 마을 모내기는 아주 손쉽고도 빨리 끝났답니다. 일꾼이 없어 걱정하던 김 서방의 얼굴에도 웃음꽃이 활짝 피었지요.

　마을 사람들이 힘든 농사일을 함께하기 위해 만든 공동체를 '두레'라고 해요. 두레는 대개 16세 이상 55세 이하의 남자 어른들로 이루어지지요. 한집안에 남자 어른이 여럿인 경우에도 모두 참가하였고, 땅의 넓이와 관계없이 모든 일을 함께했어요. 두레에서 하는 일은 물 대기, 모내기, 김매기, 가을걷이 등 무척 다양해요.

2장 열두 달 세시 풍속과 민속놀이

- 설날 밤 찾아오는 **야광귀**
- 정월 대보름날 **더위팔기**
- 영등날 내려오는 **영등할머니**
- 찬밥 먹는 날 **한식**
- 창포물에 머리 감는 **단오**
- 우물 청소하는 **칠석**
- 송편 먹고 차례 지내는 **추석**
- 동짓날 먹는 **팥죽**
- 섣달그믐 **수세**

풍년을 점치는 **윷놀이**
액운을 훨훨 **연날리기**
편을 갈라 **동채싸움**
담 너머를 훔쳐보는 **널뛰기**
청년들의 힘겨루기 **씨름**

공주가 되어 **놋다리밟기**
추석날 밤 **강강술래**
암줄 편이 이겨야 좋은 **줄다리기**
흥겨움이 가득한 **탈춤**

설날 밤 찾아오는 야광귀

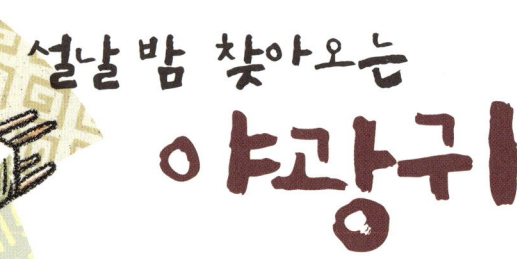

설날 밤이 되었어요. 모두가 잠든 밤, 야광귀가 인간 세상으로 내려와 살그머니 마을로 숨어들었지요.

"어떤 신발이 내게 맞으려나?"

야광귀는 이 집 저 집 기웃거리며 문 앞에 놓인 신발을 살펴보았어요.

"오, 멋진걸! 신어 봐야겠다."

이 신발, 저 신발 신어 보다가 제 발에 꼭 맞는 것을 찾아내자 신발을 훔쳐 신고 달아났어요.

그런데 야광귀라고 설날 밤에 언제나 신발을 훔칠 수 있는 건 아니었어요. 아무리 돌아다녀도 신발 한 짝 볼 수 없는 때도 있었거든요. 사람들이 신발을 모조리 방에 가지고 들어가거나 꼭꼭 숨겨 놓았기 때문이지요. 또 어떤 집에서는 문에 체를 걸어 두기도 했어요.

"어째 신발이 하나도 없냐!"

투덜거리며 헤매던 야광귀는 체를 발견했어요. 체는 가루를 곱게 치거나 액체를 거르는 데 쓰는 도구인데 작은 구멍이 아주 많아요.

"이건 뭔데 눈이 이렇게 많아? 하나, 둘, 셋……."

호기심 많은 야광귀는 신발 훔치는 일을 까맣게 잊고 구멍을 세기 시작했어요.

"하나, 둘, 셋……. 가만, 내가 어디까지 셌더라? 에그그, 잊어버렸네. 다시 하나, 둘……."

야광귀는 작은 수밖에 셀 줄을 몰라 밤이 새도록 구멍을 세고 또 셌어요. 그러다 보니 어느덧 새벽닭이 울었지요.

"아이고, 벌써 날이 샜네."

해를 무서워하는 야광귀는 해가 뜨기 전에 멀리멀리 달아나 버렸답니다.

우리나라 최대의 명절인 설날에는 재미있는 풍속이 많아요. 아침에는 차례를 지낸 후 설빔을 입고 세배하고, 떡국을 먹어요. 낮에는 연날리기, 윷놀이 등 재미난 민속놀이를 즐기고, 밤에는 야광귀를 피해 신발을 숨기거나 체를 걸어 두었어요. 야광귀가 신발을 훔쳐 가면 신발 주인은 일 년 내내 운이 나쁘다고 믿었거든요.

정월 대보름날 더위팔기

　대보름날, 개똥이는 아침부터 무척 바빴어요. 해가 뜨기 전에 대문 밖으로 나가 누구라도 만나야 했으니까요. 세수도 하는 둥 마는 둥 바삐 밖으로 뛰어나갔지요. 마침 친구 두덕이가 눈을 비비며 나오는 게 보였어요.

　"두덕아!"

　개똥이는 두덕이를 큰 소리로 불렀어요. 두덕이가 대답하면 더위를 팔 작정이었지요. 대보름날 더위를 팔면 그 해 여름은 더위를 타지 않는다니까요. 두덕이가 개똥이 몫까지 두 배로 더울지도 모르겠지만요.

그런데 두덕이는 대답 대신 "개똥아, 내 더위 사 가라. 히히히."라고 먼저 냉큼 말하는 게 아니겠어요! 개똥이는 더위를 팔기는커녕 그만 두덕이 더위까지 얻고 말았답니다.

풀이 팍 죽은 개똥이는 타박타박 집으로 돌아왔어요.

"개똥아, 얼른 부럼 깨라. 올해는 엉덩이에 종기 좀 안 나게."

개똥이는 얼굴을 찌푸렸어요. 엉덩이 종기는 아프기도 하지만 치료하려면 엉덩이를 내보여야 해서 정말 창피하거든요.

"단번에 깨야 한다. 그래야 부스럼이 안 생기는 거야."

개똥이는 호두를 입에 넣고 어금니에 힘을 주었어요. 그런데 호두가 깨지기는커녕 입에서 도로 튀어나오고 말았어요.

"아이고! 더위도 못 팔고, 부럼도 못 깨고. 올해는 아주 힘들게 생겼네."

"얼른 묵은 나물이라도 먹어. 묵은 나물을 먹으면 더위를 안 탄단다."

엄마는 오곡밥에 묵은 나물을 챙겨 주며 개똥이를 위로했어요.

음력 1월 15일인 정월 대보름은 일 년 중 첫 번째 보름날이에요. 우리 조상들은 둥근 보름달을 무척 귀하게 여겼어요. 그래서 첫 번째 보름날을 '대보름'이라 하여 특별한 명절로 삼았답니다. 정월 대보름날 밤에 달이 뜨면 뒷동산에 올라가 달맞이를 하며 풍년과 한 해 소원을 빌지요. 가족들과 땅콩, 밤, 호두 등의 부럼을 깨면서 한 해 동안 모두가 무사태평하길 기원하고, 여름에 더위를 먹지 않고 건강하게 잘 지내라고 쌀과 조, 수수, 팥, 콩과 같은 여러 곡식을 섞어 지은 오곡밥과 묵은 나물을 먹기도 하지요.

영등날 내려오는 영등할머니

　바람의 신인 영등할머니가 땅으로 내려갈 채비를 하고 있었어요. 해마다 2월 초하루에 내려갔다가 15일이나 20일쯤 다시 하늘로 올라왔지요.
　"어머니, 이번에는 누구를 데려가실 거예요?"
　다홍치마를 예쁘게 차려입은 딸이 영등할머니에게 물었어요.
　"어머님, 저도 준비를 다 했는데요."
　새로 지은 분홍치마를 입은 며느리도 영등할머니를 쳐다보며 말했어요.

영등할머니는 잠시 고민에 빠졌어요. 마음 같아서는 예쁜 딸을 데리고 가고 싶었어요. 바람의 신답게 바람을 일으켜 딸의 다홍치마가 아름답게 펄럭이도록 만들어 주고 싶었지요. 하지만 땅을 내려다보니 마음이 약해져 이번엔 며느리를 데리고 내려가 비를 뿌려 줘야겠다 싶었지요.

사람들은 영등할머니가 며느리를 데리고 오기를 바라며 2월 초하룻날 영등제라는 고사를 지냈어요. 가을걷이 때부터 따로 준비한 좋은 쌀로 밥을 지어 장독대에 올려 두고 집집마다 치성을 드렸어요. 영등할머니가 내려온 날부터 올라가는 날까지 날마다 장독대에 정화수를 떠 놓고 빌기도 했지요.

사람들은 영등할머니가 땅에 내려와 있는 동안에 바람이 많이 불면 흉년이 들고, 비가 오면 풍년이 든다고 믿었어요. 그래서 영등할머니가 며느리를 데려와 비가 오길 바라며 치성을 드렸지요.

"며늘아가, 이번엔 너랑 가야겠다. 사람들 정성을 모른 척할 수 없구나."
"영등날 비가 오니 올해는 풍년이 들겠어!"

사람들은 한 해의 풍년과 풍어(물고기가 많이 잡히는 것)를 점치며 무척 기뻐했답니다.

옛날 우리나라는 농사를 짓거나 고기를 잡으며 사는 사람들이 많았어요. 그 사람들에게 농작물을 자라게 해 주는 비와 바다를 다스리는 바람은 더없이 중요했지요. 그래서 바람을 다스리는 영등할머니가 내려오는 2월 1일 영등날을 무척 중요하게 여겨 집집마다 정화수를 떠 놓았답니다. 어촌에서는 영등할머니가 땅에 머무르는 동안에는 바다에 나가지 않았어요. 바람이 거세어서 배가 뒤집어진다고 믿었기 때문이에요.

찬밥 먹는 날 한식

중국 춘추 시대 진나라의 왕자 문공은 왕실에서 밀려나 여기저기 떠돌아다니는 신세였어요. 다들 등을 돌렸지만 신하 개자추만은 충성스럽게 문공의 곁을 지켰지요. 어느 날 문공은 배가 너무 고파 그만 쓰러지고 말았어요.

"이 고기를 드시고 기운을 좀 내십시오."

개자추가 다리를 절뚝거리며 다가와 고기를 내밀었어요. 문공은 허겁지겁 고기를 먹어 치웠어요. 개자추가 자신의 허벅지 살을 잘라 마련한 고기인 줄 꿈에도 모른 채 말이지요.

　몇 년이 지나 문공은 진나라의 왕이 되었어요. 물론 개자추는 뛸 듯이 기뻐했어요. 하지만 문공은 다른 신하들의 꾐에 빠져 자신을 충성스럽게 지켜 주던 개자추를 까맣게 잊고 상도 벼슬도 주지 않았지요. 실망한 개자추는 어머니와 함께 산에 들어가 다시는 나오지 않았어요.

　세월이 한참 지난 뒤에야 이를 깨달은 문공은 개자추를 찾았어요.

　"당장 개자추를 불러오너라. 내가 충성스러운 신하를 잊고 있었구나."

　하지만 개자추는 왕의 부름을 받고도 산에서 내려오지 않았어요. 문공이 몇 번씩 신하를 보내도 꿈쩍하지 않았지요.

　'어떻게 하면 개자추가 산에서 내려올까?'

　고민 끝에 문공은 산에 불을 지르라고 명령했어요. 불이 나면 개자추도 어쩔 수 없이 산에서 내려올 거라 생각했지요. 하지만 산이 활활 타올라도 개자추는 내려오지 않았어요. 끝내 뜻을 굽히지 않고 타 죽고 만 거지요.

　"내가 괜한 짓을 했구나. 여봐라, 해마다 이 날은 불을 지피지 말고 개자추의 넋을 위로하도록 하라."

　그 뒤 이 날을 '한식날'로 정하고 이 날에는 불에 타 죽은 개자추를 위해 불을 지피지 않고 찬밥을 먹게 되었답니다.

　한식(찰 한寒, 밥 식食)은 '찬밥을 먹는 날'이라는 뜻이에요. 옛날에는 한식날에 조상의 묘를 찾아가 돌보고 차례를 지냈어요. 나라에서도 관리들에게 하루 휴가를 주어 조상의 묘를 돌보게 하였지요.

　한식날인 4월 초는 날씨가 매우 건조해요. 성묘를 하러 가서 불을 피워 음식을 만들다가 불이 나기 쉬운 날씨지요. 하지만 '찬밥 먹는 날'인 한식이니 불을 피우지 않아도 되니까 산불 걱정을 덜었답니다.

창포물에 머리 감는 단오

　중국 초나라의 회왕 때 굴원이라는 신하가 있었어요. 굴원은 회왕에게 충성을 다했어요. 그런데 그 모습이 간신들에게는 눈엣가시처럼 보였답니다. 간신들은 굴원을 모함하여 왕에게서 떼어 놓으려 했어요.
　"굴원이 뒤에서 전하를 모함하고 있습니다."
　"당장 큰 벌을 내리셔야 합니다."
　간신들은 회왕에게 거짓으로 고했어요. 모함이 계속되자 왕도 굴원을 의심하기 시작했어요. 굴원은 억울해서 더는 참을 수가 없었어요.

"목숨을 바쳐서라도 내 결백을 밝히겠소."

결국 멱라수 강에 몸을 던져 죽고 말았어요. 그 뒤 해마다 굴원이 죽은 5월 5일이 되면 사람들은 대나무로 만든 통에 쌀을 넣어 강물에 던지며 굴원의 넋을 위로했어요.

이 이야기는 중국에서 '천중절'로 불리는 음력 5월 5일에 얽힌 이야기예요. 우리나라의 단오가 이 천중절에서 유래했다는 의견도 있어요.

단오는 씨를 뿌리고 난 뒤 하늘에 제사를 지내고 신나게 노는 날이었어요. 춘향과 몽룡이 만난 날도 바로 단오였지요. 옛날 여자들은 집 밖에서 자유롭게 놀지 못했어요. 하지만 단옷날만은 예쁘게 차려입고 마을 어귀 나무에 매어 둔 그네를 타며 즐겁게 놀았지요. 춘향이도 창포물로 머리를 감고, 창포 뿌리를 꽂아 머리 장식을 한 다음 예쁜 옷을 차려입고 그네에 올랐어요. 그네가 하늘 높이 올라갈 때마다 다홍치마가 꽃잎처럼 하늘거렸지요.

"저기 그네 뛰는 처녀는 누구더냐? 참으로 아름답구나."

몽룡은 춘향을 보자마자 한눈에 반하고 말았지요.

단오는 설날, 추석과 더불어 대표적인 우리 명절이에요. 단오의 '단'은 첫 번째, '오'는 초닷새인 5일을 뜻해요. 5월 5일을 일 년 중 가장 생기 있고 밝은 기운이 가득한 날이라 믿어 큰 명절로 삼았지요. 단오에는 그네뛰기, 씨름 등 재미있는 민속놀이를 많이 즐기고, 수리취와 쑥을 뜯어 수레바퀴 모양의 떡을 빚어 먹었어요. 또 단오 무렵엔 비가 많이 오고 날씨도 더워져 피부병이 돌기 쉬웠기 때문에 창포물로 머리를 감아 두피를 깨끗이 했답니다.

우물 청소하는 칠석

옥황상제에게는 베를 잘 짜는 딸 직녀가 있었어요. 어느 날 직녀가 베를 짜다가 무심코 창밖을 내다보니 은하수 너머에 있는 잘생긴 목동이 눈에 들어왔어요.

"정말 멋진 분이야!"

한눈에 반한 직녀는 옥황상제에게 달려가 결혼시켜 달라고 졸랐고, 마침내 두 사람은 부부가 되었어요.

그런데 견우와 직녀는 너무 사이가 좋아 일을 게을리하게 되었어요. 직녀의 베틀은 날마다 멈춰 있고, 견우가 몰던 양과 소는 이리저리 흩어졌어요.

"누구든 게으름을 피우는 자는 용서할 수 없다."

옥황상제는 불같이 화를 내며 견우와 직녀를 불러들였어요.

"이제부터 견우는 은하수 동쪽에서 소를 몰고, 직녀는 은하수 서쪽에서 베를 짜도록 하라."

"아버님, 용서해 주세요. 저희는 떨어져서 살 수 없어요."

견우와 직녀는 눈물을 흘리며 뉘우쳤어요. 그러나 옥황상제는 노여움을 거두지 않았어요. 대신 일 년에 딱 하루 음력 7월 7일, 칠석에만 두 사람이 만나도록 허락했지요.

드디어 기다리던 칠석이 되었어요. 견우와 직녀는 당장이라도 서로에게 달려가고 싶었지만 은하수가 둘 사이를 가로막고 있어 눈물을 흘리며 발만 동동 굴렀어요. 그 모습을 안타깝게 여긴 까마귀와 까치들은 제 몸을 이어 다리를 놓아 주었어요. 일 년 만에 만난 두 사람은 기뻐서 눈물을 펑펑 흘렸고, 헤어질 때는 아쉬워서 또 눈물을 펑펑 쏟았답니다.

칠석이면 은하수 동쪽과 서쪽에 멀리 떨어져 있던 견우별과 직녀별이 머리 위로 높이 떠오르는데, 사람들은 이것을 보고 견우와 직녀가 만난다고 생각했어요. 그리고 그날 비가 오면 두 사람이 흘리는 눈물이라고 여겼지요.

칠석날은 바빴던 여름 농사도 거의 마무리되어, 추수 때까지 잠시 한가한 시기예요. 그래서 칠석날 햇볕이 반짝 나면 여름내 눅눅해진 옷과 이불, 그리고 책을 널어 말렸어요. 반면 비가 오면 마을 우물 청소를 하고 떡을 하여 제사를 지냈답니다.

송편 먹고 차례 지내는 추석

　음력 8월 15일, 추석은 한가위라고도 해요. '한'은 크다, '가위'는 가운데라는 뜻의 옛말로, '8월 한가운데 있는 큰 날'이라는 뜻이지요.
　신라 유리왕 때 일이에요.
　"8월 보름까지 길쌈(실로 옷감을 짜는 일) 시합을 할 여인들을 뽑겠다. 길쌈 솜씨가 좋은 여인들은 궁궐로 들어오도록 하라."
　한가위 한 달 전 즈음, 궁궐에서는 베 짜는 여인들을 뽑았어요. 솜씨 좋은 여인들은 너도나도 궁궐로 들어갔지요. 이들은 두 편으로 나뉘어 한 달 동안 열심히 베를 짰어요.

드디어 한가위 날이 되었어요. 두 편 모두 정성껏 짠 베를 가지고 나와 누가 더 많이, 누가 더 잘 짰는지 비교해 보았어요.

"우리 편이 이겼네!"

"아이고! 우리가 지다니!"

기쁨과 아쉬움으로 사방에서 탄성이 터져 나왔어요. 진 편은 아쉬움을 달랠 사이도 없이 잔치 준비를 시작했어요. 한가위 길쌈 시합에서는 진 편이 이긴 편에게 술과 떡, 여러 음식들을 차려 주어야 하거든요. 길쌈 시합 뒤 잔치를 벌이면서 온갖 노래와 춤으로 즐기던 이 놀이를 '가배' 라고 했는데, 한가위의 '가위' 가 여기서 생겨난 말이라고도 해요.

추석은 설날과 더불어 우리 민족의 가장 큰 명절이에요. 추수가 끝난 뒤 한 해 농사를 무사히 마친 것을 조상들에게 감사하는 날이기도 해요. 추석날 아침이면 햅쌀로 밥을 짓고 송편을 빚고, 그 해에 난 과일을 풍성히 상에 올려 조상님들께 차례를 지내요. 그리고 여름 동안 풀이 무성하게 자란 조상의 묘를 돌보며 벌초도 하고 성묘도 지내지요.

옛날부터 추석은 누구나 배부르게 먹을 수 있는 풍요로운 명절이었어요. 가난한 집에서도 떡을 빚고 막걸리를 마셨지요. 그래서 옛말에 '더도 말고 덜도 말고 늘 한가위만 같아라.' 라는 말이 있답니다.

동짓날 먹는 팥죽

중국 진나라 사람 공공에게는 말썽꾼 아들이 있었어요.
"어이구, 저 녀석 때문에 내가 늙지, 늙어."
공공은 아들 생각만 하면 머리가 지끈지끈 아팠어요.
그러던 어느 동짓날, 아들이 그만 죽고 말았어요. 그런데 공공의 아들은 죽어서도 말썽을 멈추지 않았어요. 아들은 무서운 병인 천연두를 옮기는 귀신인 역신이 되고 말았거든요.

'내 아들이 옮기는 나쁜 병 때문에 마을 사람들이 해를 입는 걸 두고만 볼 수는 없어.'

공공은 마음이 몹시 아팠지만 역신이 된 아들을 마을에서 쫓아내기로 결심했어요. 공공은 아들이 무엇을 싫어했었는지 곰곰이 생각했어요.

"아! 팥. 그래, 팥이었지!"

공공은 붉은 팥을 구해 팥죽을 쑤기 시작했어요. 팥죽이 보글보글 끓자 공공은 마당, 대문, 벽 등에 고루 뿌렸어요. 아무것도 모르는 역신은 공공의 집 대문간에 막 들어서려다 팥죽을 보고 깜짝 놀랐어요.

"으악! 이게 뭐야? 내가 세상에서 가장 싫어하는 팥이잖아?"

역신은 뒤도 돌아보지 않고 달아나 버렸어요. 그리고 다음 동짓날에 또다시 마을로 찾아왔지요. 하지만 이제 역신 쫓는 법을 알게 된 마을 사람들은 팥죽을 쑤어 집안 여기저기에 미리 뿌려 두었답니다.

동지는 일 년 중 밤이 가장 긴 날이에요. 예로부터 동지에는 팥죽을 쑤어 사당, 장독, 헛간 등 집 안의 여러 곳에 놓아 두거나 대문이나 벽에 뿌렸어요. 팥의 붉은 기운이 긴긴 밤 동안 돌아다닐 나쁜 귀신을 막아 준다고 믿었기 때문이에요.

동지가 지나면 밤이 조금씩 짧아지고 낮이 길어지기 시작해요. 우리 조상들은 태양이 다시 살아나는 동지를 아주 중요한 명절로 여겨 '작은 설'이라고 부르기까지 했지요. '동지 팥죽을 먹어야 정말로 한 살을 더 먹는다.'라는 말도 그래서 나왔답니다.

섣달그믐 수세

"엄마, 오빠가 또 내 것까지 다 먹었어. 정말 나빠!"

끝순이가 울면서 부엌으로 뛰어 들어왔어요. 어머니는 끝순이를 안고 얼른 입을 막았어요.

"끝순아, 부뚜막 앞에서 나쁜 말을 하면 안 돼요. 조왕신(부엌의 신)이 듣고 옥황상제께 이르면 어쩌려고."

"그러면 어때? 오빠는 내……."

어머니는 살강(그릇을 얹어 놓는 선반)에 올려 놓은 그릇에서 엿을 하나 얼른 꺼내 끝순이 입에 물렸어요. 끝순이는 끈적끈적한 엿 때문에 딱 붙은 듯 입을 다물었어요. 어머니는 엿을 하나 더 꺼내 부뚜막에 올리고 정성껏 빌었어요.

"조왕님, 좋은 일은 많이 고해 주시고, 나쁜 일은 조금만 고해 주소서."

부엌에 살면서 집안사람들을 살펴 주는 조왕신은 설날이 되기 며칠 전에 하늘로 올라가 옥황상제를 만나거든요. 그리고 한 해 동안 식구들이 어떤 좋은 일과 나쁜 일을 했는지 모두 일러바치지요.

올해에도 조왕신은 어김없이 하늘로 올라갔어요. 조왕신이 오빠가 한 일을 이르려는 순간, 엿이 입에 딱 붙는 바람에 그냥 넘어가기로 했어요.

옥황상제를 만나러 하늘로 올라갔던 조왕신은 섣달그믐 밤 집으로 다시 내려왔어요. 깊은 밤이었지만 끝순이네는 집 안 곳곳에 불을 환히 밝히고 잠을 자지 않고 있었어요. 조왕신은 가마솥 위에 불이 켜져 있는 부엌으로 갔어요.

'끝순 엄마가 나를 위해 준비한 불이구나! 내년에 하늘나라로 올라가면 끝순 엄마 칭찬을 더 많이 해 줘야지.'

조왕신은 내년에도 끝순이네를 잘 지켜 주기로 마음먹었어요.

섣달그믐은 한 해의 마지막 날이에요. 우리 조상들은 섣달그믐 밤에는 온 집 안에 불을 환히 밝히고 뜬눈으로 밤을 새며 조왕신을 맞이했어요. 이 풍습을 '수세'라고 하지요. 밤을 새며 마지막 해를 지켜보는 일이라는 뜻으로 '해지킴'이라고도 해요. 섣달그믐에 해지킴을 하지 못하면 눈썹이 하얗게 센다고 하여 윷놀이 등 재미있는 놀이를 하며 잠을 쫓았답니다.

풍년을 점치는 윷놀이

　삼국 시대보다 훨씬 이전, 지금은 중국 땅인 한반도 북쪽에 부여라는 나라가 있었어요. 부여 백성들은 주로 농사를 지었기 때문에 부여 왕도 농사를 가장 중요하게 여겼지요. 왕은 한 해 농사를 시작할 때마다 꼭 하늘에 알리는 제사를 지냈고, 추수를 한 다음에는 감사의 제사를 지냈어요. 하지만 그것만으로는 부족하다는 생각이 들었어요.
　"농사를 아주 중요하게 생각하는 내 뜻을 널리 알릴 방법이 없겠느냐?"

왕의 질문에 관리들은 그럴듯한 대답을 하려고 애썼어요. 하지만 마땅한 대답이 생각나지 않아 아무도 입을 열지 않았어요. 그때 관리 하나가 조심스럽게 입을 열었지요.

"나랏일을 보는 관직 이름을 농사와 관련해 짓는 게 어떻겠습니까? 농사를 돕는 가축 이름을 따서 마가, 우가, 저가 이런 식으로 말입니다."

왕은 손뼉을 딱 쳤어요.

"정말 좋은 생각이로구나. 이제부터 관직 이름을 마가, 우가, 저가, 구가, 대사로 하겠다."

마가는 말, 우가는 소, 저가는 돼지, 구가는 개, 대사는 양이나 염소를 가리키는 말이에요. 모두 농사를 돕고, 수레를 끌고, 거름까지 마련해 주는 가축들이지요.

"농사에 꼭 필요한 가축들을 잘 길러 그 수를 늘리라. 그리고 가축의 중요성을 널리 알릴 수 있는 놀이도 만들어 널리 퍼뜨리라!"

왕의 명령에 따라 가축의 이름을 딴 도(돼지), 개, 걸(양), 윷(소), 모(말)를 부르며 노는 윷놀이가 방방곡곡으로 널리 퍼졌답니다.

윷놀이의 도, 개, 걸, 윷, 모는 가축 이름을 따서 만든 부여의 관직 이름에서 유래했을 거라고 알려져 있어요. 하지만 정확한 유래는 알 수 없어요. 그래도 우리 민족이 아주 오래 전부터 했던 놀이라는 것만은 틀림없지요. 농사는 우리 조상들의 삶에서 떼려야 뗄 수 없이 중요한 일이었어요. 그래서 농사일을 쉬는 철에 윷놀이를 하면서 항상 풍년을 기원하고, 설날 윷놀이를 하면서도 그 해에 풍년이 들지 운수를 점쳤답니다.

액운을 훨훨 연날리기

신라 선덕여왕 때, 신하였던 비담과 염종은 여왕에게 불만이 많았어요.
"여자가 왕 노릇을 하니 이러다 신라는 망하고 말 것이오."
"맞소. 남자들이 여왕을 모시다니 이건 신라의 수치요."
불만에 가득 찬 비담과 염종은 결국 명활성에 모여 반란을 일으켰어요. 김유신 장군은 여왕을 지지하는 군사들과 함께 월성에 진을 치고 반란군과 맞섰어요. 전투는 여러 날 계속되었지만 어느 쪽도 쉽게 이기지 못했지요.

그러던 어느 날, 커다란 별똥별이 월성 쪽에 떨어졌어요.

"월성에 별이 떨어지다니 여왕이 패할 징조다!"

선덕여왕의 편에 선 군사들은 두려움에 떨었어요. 반대로 반란군의 사기는 하늘을 찌를 듯 올라갔지요.

'이대로는 이길 수 없겠어.'

고민하던 김유신 장군에게 좋은 생각이 떠올랐어요. 장군은 군사들에게 커다란 허수아비와 연을 만들게 했어요. 그리고 날이 어두워지자 비밀리에 명령을 내렸지요.

"허수아비에 불을 붙여 연에 매달아 하늘 높이 띄워라."

활활 불타는 허수아비가 땅에서 하늘로 훌쩍 솟아올랐어요. 사람들은 하늘로 오르는 불덩이를 보며 땅에 떨어진 별똥별이 다시 하늘로 올라간다고 여겼어요.

"어제 월성에 떨어진 별이 하늘로 올라가다니, 이건 여왕이 이길 징조야."

월성의 군사들은 다시 힘을 냈고, 명활성의 반란군은 힘이 쭉 빠졌어요. 김유신 장군은 그 틈을 타 반란군을 공격하여 싸움에서 이겼답니다.

연날리기는 설날부터 정월 대보름까지 많이 하던 민속놀이예요. 누가 연을 높이 날리나 내기를 하기도 하고, 다른 사람의 연줄을 끊는 연싸움을 하기도 했지요. 특히 정월 대보름에는 나쁜 일을 떠나보내고 복을 맞이한다는 뜻의 '송액영복' 같은 글귀를 연에 적어 넣었어요. 이 연을 하늘 높이 띄운 다음 연줄을 끊어 날려 보내며, 나쁜 일은 멀리 날아가고 복이 오기를 바랐답니다.

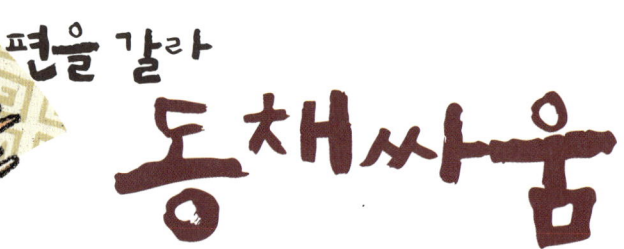

편을 갈라 동채싸움

왕건이 고려를 세우기 전의 일이에요. 왕건은 대구 팔공산에서 후백제의 견훤과 전투를 벌였는데 그만 크게 패하고 말았지요. 왕건은 일단 가까운 안동으로 달아났는데, 견훤도 근처 연못가에 진을 치고 때를 기다렸지요.

'혼자 힘으로는 이길 수 없겠어. 이 지역 세력가들에게 도움을 청해야지.'

왕건은 안동의 호족인 김선평, 권행, 장길을 찾아갔어요. 평소 왕건의 인품을 높이 생각한 세 사람은 왕건을 도와 견훤을 물리치기로 했어요. 하지만 용맹한 견훤의 군사들을 무작정 공격할 수는 없었지요. 그래서 견훤에 관한 정보를 모으기 시작했고 중요한 사실을 알아냈어요.

"견훤은 아비가 지렁이라 합니다. 지렁이가 변해서 사람이 되었기 때문에 흙탕물에 목욕을 하면 힘이 넘치고 기운이 난다고 합니다."

"그렇다면 지렁이가 무서워하는 소금으로 공격하면 되겠구나."

왕건은 등짐장수들에게 견훤이 목욕하는 연못에 소금을 붓도록 했어요. 다음 날, 아무것도 모르는 견훤은 다른 때처럼 연못에서 목욕을 했어요.

'목욕을 하고 나면 늘 힘이 넘치는데 오늘은 왠지 이상하구나.'

견훤은 온몸이 축 처진 채 연못에서 나왔어요. 이때를 노리고 있던 왕건의 군사들은 후백제 진영으로 쳐들어갔어요. 힘이 빠져 버린 견훤과 군사들은 달아나기 바빴어요. 이 싸움으로 후백제에게 밀리던 왕건은 세력을 잡을 수 있었지요.

전투에서 이긴 뒤 왕건은 잔치를 베풀었어요. 흥이 난 등짐장수들은 지게에 우두머리를 태우고 서로 밀고 밀리며 흥겨운 놀이를 하였어요. 이 놀이가 바로 동채싸움의 시작이었다고 합니다.

지렁이 후손인 장수가 소금 탄 물에 목욕을 하고 힘이 빠져 전쟁에서 지다니, 재미난 옛이야기지요? 견훤의 어머니가 태몽으로 커다란 지렁이가 나오는 꿈을 꾸었기 때문에 만들어진 이야기래요.

후백제를 물리친 왕건의 승리를 기념하여 생겨난 전쟁놀이가 동채싸움이에요. 동채싸움은 다른 말로 '차전놀이'라고도 부르지요. 안동의 동채싸움은 특히 유명해 중요무형문화재 제24호로 지정되었답니다.

담 너머를 훔쳐보는 널뛰기

"아이고, 돌쇠 아버지! 이게 무슨 일이래요?"

돌쇠 엄마의 놀란 울음소리가 담장 너머까지 들려왔어요. 남편이 억울한 누명을 쓰고 관아로 끌려가고 있거든요.

"억울해요. 난 죄가 없다고요!"

돌쇠 아버지는 억울함을 호소했지만 그만 옥에 갇히고 말았어요.

"돌쇠야, 네 아버지는 결백하니까 금방 풀려날 거야."

돌쇠 엄마는 집에서 남편을 기다렸어요. 하지만 며칠을 기다려도 돌쇠 아버지는 돌아오지 않았어요. 돌쇠 엄마는 옥으로 찾아갔지만 남편을 만날 수는 없었어요.

"제발 얼굴 한 번만이라도 보게 해 주세요. 제발요."

간절히 부탁하자 옥졸은 마음이 약해졌어요. 하지만 사또의 명을 어기고 면회를 시켜 줄 수는 없었지요.

"내일 오후에 죄수들을 모두 마당에 내보낼 테니 담장 밖에서 얼굴만이라도 보도록 하시오."

"고맙습니다. 고맙습니다."

돌쇠 엄마는 몇 번씩 절을 하고 나왔어요. 그런데 밖에 나와서 보니 감옥 담이 너무 높아 담장 너머로 남편을 보기는 힘들었어요. 곰곰이 생각한 끝에 다음 날 돌쇠 엄마는 기다란 널빤지와 멍석을 들고 왔어요. 그러고는 멍석을 둘둘 말아 널빤지 가운데 괴었지요.

"돌쇠야, 나는 이 끝에 설 테니 너는 저 끝에 서라. 우리가 번갈아 뛰어 오르면 담장 안을 들여다볼 수 있을 거야."

돌쇠와 엄마는 함께 널을 뛰기 시작했어요. 높이 뛰어오를 때마다 담장 안에 있는 그리운 얼굴을 잘 볼 수 있었답니다.

널뛰기는 설날, 단오, 추석 등 명절 때 하던 놀이로, 주로 여자들이 즐기던 놀이예요. 옛날 유교 사회에서는 여자들이 바깥을 돌아다니거나 밖에서 놀기가 어려웠어요. 늘 담장 안에 갇혀 지내던 여자들은 담장 밖 세상이 궁금했지요. 그래서 명절이 되면 널을 뛰며 바깥 세상을 구경했다고 해요.

고려 충혜왕은 나라를 다스리는 일에는 조금도 관심이 없었어요. 사냥, 술과 여자, 씨름에 빠져 하루하루를 보냈지요. 특히 씨름을 무척 좋아했는데, 점잖게 앉아 씨름을 구경하는 것이 아니라 직접 씨름판에 나가기를 즐겼어요. 덕분에 고려 궁궐에서는 날마다 왕이 이끄는 씨름판이 벌어졌어요.

"핫하하! 이번에도 내가 이겼다. 다음 차례는 누구인가?"

충혜왕이 소리치자 덩치가 우람한 내시가 앞으로 나왔어요.

"전하, 저는 씨름을 잘 못하는데……."

내시는 몸집에 어울리지 않게 자신감이 없었어요. 충혜왕은 더욱 기세등등하여 소리쳤어요.

"그래? 몸집만 컸지, 힘은 별 게 아닌가 보구나. 어디 한번 겨뤄 볼까?"

드디어 씨름이 시작되었어요. 정말로 내시는 힘 한번 제대로 써 보지 못하고 넘어가고 말았어요. 사실은 내시가 아무리 힘이 세더라도 왕을 쓰러뜨릴 수는 없었답니다.

"이런, 내시들은 실력이 너무 떨어져 재미가 없군. 제대로 된 씨름 구경을 시켜 줘야겠어."

이를 핑계로 충혜왕은 틈만 나면 씨름 구경에 나섰어요.

충혜왕이 씨름에 빠져 지내는 동안 신하들은 불만이 가득했어요.

"왕이 내시들을 붙들고 씨름을 하다니 이런 망측한 일이!"

"그러게 말이오. 임금이 위아래가 없으니 어쩌면 좋단 말이오."

"왕이 나랏일에는 도통 관심이 없으니, 원!"

하지만 충혜왕은 신하들과 백성들의 불만에 아랑곳하지 않고 나라 돌보는 일을 나 몰라라 했어요.

《고려사》에 남겨진 충혜왕의 씨름 사랑 이야기는 정식 역사책에 쓰인 씨름에 대한 최초의 기록이지요. 우리 민족은 삼국 시대 이전부터 씨름을 즐겼어요. 국가에서는 씨름을 무예의 하나로 여겨 유명한 장사를 무사로 삼기도 했지요. 우리 조상들은 단오, 추석 등 큰 명절과 마을 제사 때 주로 씨름판을 벌였는데, 씨름판에서 이기면 송아지, 황소 등 큰 상을 받았답니다.

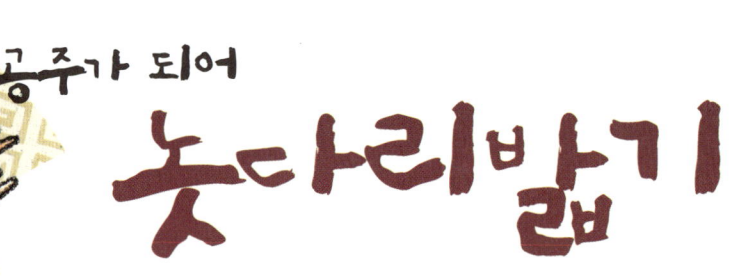

공주가 되어 놋다리밟기

　고려 공민왕 때 이야기예요. 중국에서 느닷없이 홍건적이 쳐들어와 공민왕과 왕비인 노국공주는 멀리 안동까지 피란을 갔어요.
　"이제 소야천만 건너면 한시름 놓으셔도 됩니다."
　그런데 소야천에 이르고 보니 날은 어두워지고 다리도 나룻배도 없어 난감했지요.
　"마마, 어찌해야 하올지……"

"건너야지……."

공주는 말끝을 흐리며 물을 쳐다보았어요. 중국 원나라에서 시집와 말타기를 즐기고 성품 또한 대담한 공주였지만, 해가 지고 난 뒤 깊이를 알 수 없는 강물 속으로 걸어 들어가는 일이 쉽지는 않았어요.

"공주님이 강을 못 건너고 있다네. 우리가 좀 도와줘야겠어."

이 소식을 들은 그곳 부녀자들은 소야천으로 모여들었어요. 물길을 잘 아는 부녀자들은 물 깊이가 얕은 쪽으로 늘어서서 공주 일행이 안전하게 강을 건널 수 있도록 길을 안내했어요. 그리고 강의 이쪽 끝부터 줄지어 늘어서더니 허리를 굽혀 공주를 위한 다리를 만들었어요.

"마마, 저희가 다리를 만들 테니 저희 등을 밟고 지나가세요."

"세상에! 그렇게까지……."

노국공주는 눈물을 글썽였어요.

노국공주는 시녀들의 부축을 받으며 '사람 다리' 위로 올라갔어요. 공주가 지나가면 부녀자들은 다시 끝으로 가서 잇기를 거듭하면서 강 건너편까지 다리를 이었어요. 덕분에 공주는 무사히 강을 건널 수 있었지요.

놋다리밟기는 경상북도 안동, 의성 지방 놀이예요. 정월 대보름 밤에 부녀자들이 즐기던 놀이인데, 여자라면 나이나 신분을 따지지 않고 다 함께 즐겼어요. 놀이 방법은 부녀자들이 모여 허리를 굽힌 뒤 길게 늘어서서 노래를 불러요. 그러면 미리 뽑아 놓은 공주가 그 위를 걸어가지요. 넘어지지 않도록 시녀 둘이 옆에서 잡아 주고요. 공주가 등 위로 지나가면 다리 역할 하는 사람들은 다시 맨 앞으로 가서 다리를 이어요.

추석날 밤 강강술래

　임진왜란 때 일이었어요. 이순신 장군은 왜군을 맞아 용감하게 싸웠어요. 하지만 조선군의 배와 병사들에 비해 왜군은 너무 많았어요.
　이순신 장군은 밝게 뜬 보름달을 바라보며 한숨을 내쉬었어요.
　'우리 군사가 턱없이 적어 큰일이군! 마을에는 더 이상 젊은 남자들이 없고, 왜군이 우리 사정을 알면 물밀 듯이 밀고 들어올 텐데.'
　고민을 하던 장군의 머릿속에 마을 부녀자들이 하던 놀이가 떠올랐어요.

'맞아! 우리 군의 숫자가 많아 보이게 하면 되지 않겠는가!'

이순신 장군은 마을 부녀자들에게 치마저고리 대신 병사들이 입는 군복 차림으로 산봉우리에 모이도록 했어요. 그러고는 환하게 횃불을 밝혔지요. 멀리서 보면 마치 수많은 군사들이 모인 것처럼 보이도록 말이지요.

"손을 잡고 둥글게 모여 서시오. 힘차게 돌며 노래를 불러도 좋소."

부녀자들은 빙글빙글 둥글게 돌다 흥에 겨워 노래를 부르기 시작했어요.

"강강술래, 강강술래……."

노래가 빨라지자 둥글게 도는 춤도 더욱 빨라졌어요.

멀리 바다에 있는 왜군들에게 노랫소리는 들리지 않았어요. 하지만 강강술래를 하는 모습이 꼭, 수많은 병사들이 산봉우리를 돌며 빠르게 군사 훈련을 하는 것처럼 보였지요. 왜군들은 깜짝 놀랐어요.

"장군님, 저 산봉우리에서 조선군이 훈련을 하고 있습니다. 그 숫자가 어마어마하고 사기가 하늘을 찌를 듯합니다."

조선군의 기세에 눌린 왜군들은 겁이 나 슬금슬금 배를 돌리고 말았어요.

날씨가 선선하고 달이 휘영청 밝은 추석 무렵이면 전라남도의 바닷가와 섬 지역 여자들은 강강술래를 즐겼어요. 강강술래는 여자들이 둥글게 모여 빙글빙글 돌며 노래를 부르고 춤을 추는 놀이예요.

강강술래를 하며 부르는 노래는 후렴구에 '강강술래'라는 대목이 반복되어 나오는데, 목청이 좋은 사람이 앞소리를 부르면 여러 사람이 "강강술래"라고 뒷소리를 받아 다 같이 불러요.

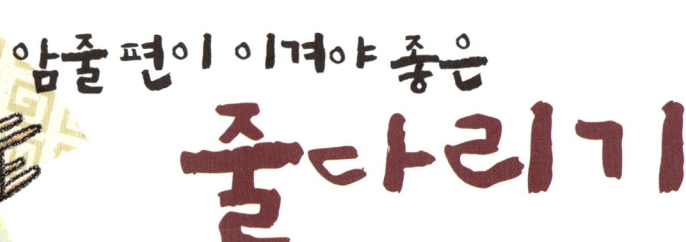
암줄 편이 이겨야 좋은 줄다리기

"정월 대보름 줄다리기 줄을 만드세."
　돌산 마을 사람들이 너른 마당으로 모여들었어요. 돌산 마을에서는 해마다 정월 대보름이면 마을 사람들이 둘로 나뉘어 줄다리기를 했거든요. 한쪽은 암줄을 만들고 다른 한쪽은 수줄을 만들어요. 나중에 비녀목이라고 하는 커다란 나무로 두 줄을 이어 줄다리기 할 줄을 완성하는 거지요.
　"우리는 암줄을 엮을 테니 너희는 수줄을 엮도록 해."

모두들 짚을 꼬아 정성껏 줄을 만들었어요.
　　드디어 정월 대보름. 남자들은 머리에 띠를 질끈 동여매고, 여자들은 허리띠로 치마를 질끈 동여 묶고 나왔어요.
　　"징 소리가 들리면 시작하세!"
　　우렁찬 징 소리와 함께 암줄 편과 수줄 편의 줄다리기가 시작되었어요.
　　"영차, 영차!"
　　모두들 땀을 뻘뻘 흘리며 줄을 잡아당겼어요. 처음에는 수줄 편이 이기는 것 같았어요. 그런데 시간이 흐를수록 암줄 편 쪽으로 줄이 끌려갔어요.
　　"조금만 더 힘을 내세."
　　암줄 편 사람들은 신이 나서 더욱 힘껏 줄을 잡아당겼어요. 그러자 수줄 편 사람들이 앞으로 우르르 넘어지고 말았지요.
　　"내년에는 꼭 우리가 이길 거야."
　　수줄 편 사람들은 화가 난 것처럼 별렀지만 사실은 기분이 좋았어요. 정월 대보름 줄다리기는 암줄 편이 이겨야 풍년이 든다고 믿었기 때문이지요. 그렇다고 일부러 져 주는 법은 없었대요.

　　줄다리기는 정월 대보름 대표 놀이예요. 특히 벼농사를 많이 짓던 남쪽 지방에서 줄다리기를 즐겼지요. 풍년을 기원하는 놀이이기 때문이에요. 줄은 비를 관장하는 용을 상징하지요. 또 암줄과 수줄을 따로 만들어 연결하는 건 곡식들이 열매를 많이 맺기 바라는 마음이래요. 줄다리기가 끝난 다음에는 줄을 잘라 논에 거름으로 뿌렸어요.

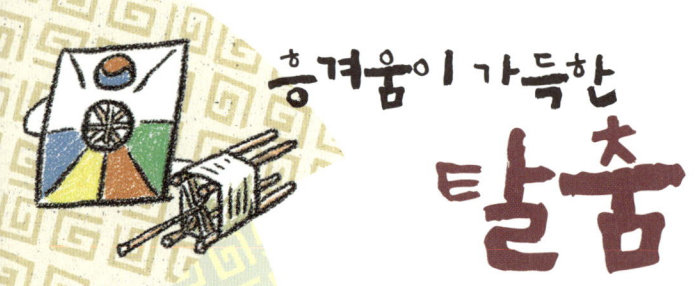

흥겨움이 가득한 탈춤

 옛날 하회 마을 사람들은 정월 초이튿날이면 마을 제사인 별신굿을 지냈어요. 어느 해, 이상하게도 마을에 병이 돌고 흉년이 심하게 들었지요. 사람들이 굶주리고 병 때문에 고생하던 어느 날, 허 도령은 꿈에서 신령을 만나 계시를 듣게 되었어요.
 "별신굿에 쓰일 탈을 만들어라. 정성을 다하면 마을에 내린 재앙이 사라질 것이다. 하지만 그 모습을 아무도 보면 안 된다. 만약 그랬다가는 네가

목숨을 잃을 것이다."

　꿈에서 깨어난 허 도령은 바로 탈을 만들기 시작했어요. 집에 금줄을 둘러 아무도 들어오지 못하게 하고는 날마다 목욕을 하고 깨끗한 몸과 마음으로 정성을 다해 나무를 깎아 탈을 만들었지요. 사납지만 솔직한 백정, 고생으로 깊은 주름이 생긴 할매, 얄밉도록 촐싹대는 초랭이, 수줍고도 복스러운 부네 등 열두 개의 탈을 하나하나 만들었어요.

　그런데 허 도령이 탈을 만드는 동안 집 앞을 서성이는 처녀가 있었어요. 허 도령을 짝사랑하던 마을 처녀였지요.

　'도련님은 어떻게 된 거지? 혹시 어디가 아픈 거 아니야?'

　처녀는 걱정이 점점 커졌어요.

　'안 되겠다. 도련님이 잘 계시는지 내 눈으로 확인해야겠어!'

　처녀는 몰래 허 도령의 집으로 들어가 방문에 구멍을 뚫고 엿보았어요. 그 순간 마지막 탈을 만들고 있던 허 도령은 피를 토하며 죽고 말았어요.

　이 이야기는 하회 별신굿 탈놀이에 쓰는 하회탈에 얽힌 전설이에요. 허 도령이 채 완성하지 못한 마지막 탈이 이매탈인데, 그래서인지 이 탈은 턱이 없답니다.

　'탈'은 '배탈', '탈이 났다'라는 말에서 알 수 있듯이 뜻밖에 일어나는 사고, 나쁜 일, 두려운 것을 뜻하는 말이에요. 옛날 사람들은 탈을 쓰고 춤을 추며 나쁜 일을 몰아내려고 했답니다. 탈춤은 주로 마을 굿을 할 때 추었어요. 탈춤의 내용은 대부분 인색하고 거만한 양반들을 비꼬고 비웃는 것이라 양반들이 보기에 불편할 수 있었지만, 서민들의 놀이에 간섭하지는 않았대요.

3장 태어나서 죽을 때까지 전통 의례 풍속

아이가 태어나면 금줄 치기
귀한 아기에게 못난 이름 붙이기
첫돌을 기념하는 돌잔치

어른이 되는 의식 관례와 계례
신부 부모님께 감사하는 마음을 담은 함

첫날밤을 몰래 훔쳐보는 **신방 지키기**
밤 대추 던지는 **폐백**
만 육십 세를 축하하는 **환갑잔치**

저승사자를 위해 차리는 **사잣밥**
부모님을 그리워하며 **시묘살이**

아이가 태어나면 금줄 치기

김 서방은 아침부터 정신이 하나도 없었어요. 부인이 아기를 낳기 전 진통을 시작했거든요.

"괜찮겠죠? 잘 낳겠죠? 언제쯤 태어날까요? 아들일까요, 딸일까요?"

김 서방은 아기를 받으러 온 산파에게 횡설수설 질문을 퍼부었어요.

"아이고, 그만 묻고 자네는 금줄 칠 새끼나 꼬시게."

김 서방은 미리 준비해 둔 깨끗한 볏짚을 들고 마당 구석에 앉았어요. 하지만 평소에 눈 감고도 하던 새끼 꼬기가 잘 되지 않았어요.

"이거 나쁜 징조 아니야? 아기가 힘들게 나오려나?"

김 서방은 연신 방문을 힐끔거리며 걱정했어요. 부엌에서 나오던 어머니가 밥상을 내려놓고 김 서방의 등을 찰싹 쳤어요.

"정신 차려, 이 사람아. 새끼줄이 그게 뭐여. 금줄 칠 새끼는 왼쪽으로 꼬아야 하잖아. 왼새끼로 말이야."

"아차, 그러는 어머니도 참. 왜 생쌀에 생미역을 그냥 내오세요?"

"이건 삼신께 올리는 상이야. 밥그릇 세 개에 쌀을 가득 담고 미역을 올려 우리 아기 건강하게 태어나서 잘 자라게 해 달라고 비는 거! 나는 삼신께 정성껏 빌 테니 어서 금줄을 쳐서 잡귀들이 우리 집에 얼씬도 못 하게 해."

그 순간 방 안에서 아기 울음소리가 터져 나왔어요.

"아들이에요. 건강한 아들요!"

김 서방은 입이 찢어져라 웃으며 숯과 솔가지, 고추를 끼운 금줄을 대문 위에 걸었답니다.

옛날에는 아기를 낳으면 대문 앞에 금줄을 쳤어요. 금줄은 나쁜 것이 들어오지 못하도록 하는 줄이에요. 새끼를 왼쪽으로 꼬아 만드는데, 나쁜 귀신이 평소와 다르게 꼰 새끼줄 모습에 놀라 들어오지 못한다고 믿었거든요.

지금도 갓 태어난 아기가 있는 집에는 가능한 한 방문하지 않아요. 면역력이 약한 아기와 산모에게 병균을 옮기게 될까 봐요. 그러니까 금줄은 '이 집에 갓 태어난 아기가 있으니 함부로 들어오지 마시오.'라는 뜻도 있지요.

귀한 아기에게 못난 이름 붙이기

고려 말의 일이었어요. 황군서가 마침 어려움에 처해 있던 나옹 대사를 구해 주었어요.

"이렇게 고마울 때가……. 보답으로 명당자리를 알려 줄 테니 조상의 묘를 쓰도록 하시오. 그렇게 하면 자손이 큰 인물이 될 것이오."

마침 아버지의 묏자리를 알아보던 황군서는 나옹 대사가 알려 준 곳에 묘를 썼어요. 그러고 얼마 지나지 않아 아내에게 아기가 생겼어요.

"나옹 대사님의 말씀대로 정말 크게 될 아이가 태어날까요?"

"그렇다면 아이가 마음껏 큰 뜻을 펼칠 수 있는 곳으로 가서 키워야겠소."

황군서는 고려의 수도였던 송악(지금의 개성)으로 이사를 갔어요.

얼마 뒤 건강한 사내아이가 태어났어요. 황군서는 기뻐서 벙실벙실 웃음을 멈추지 못했지요.

"아기 이름부터 지어 주셔야지요."

부인의 말에 황군서는 한참을 곰곰이 생각했어요.

"얼마나 멋진 이름을 지으려고 그러십니까?"

"멋진 이름이라……. 우리 아기 이름은 돼지로 합시다. 돼지야, 퉁실퉁실 미련하게도 생겼구나."

"정말 그러네요. 미련하고 밉상이어서 귀신이 쳐다보지도 않겠어요."

황군서와 아내는 아기를 어르며 하하하 웃었어요.

황군서의 아들 돼지는 바로, 훗날 조선 최고의 재상이 될 황희 정승이었답니다.

황희 정승의 어린 시절 이름이 돼지였다니 이상하지요? 심지어 고종 황제는 개똥이였어요. 옛날에는 아기를 귀하게 여길수록 이름을 천하게 붙였답니다. 아기를 보고 예쁘다는 말도 하지 않았어요. 그래야 고약한 귀신이 아기에게 관심을 갖지 않아 아기가 건강하고 안전하게 클 수 있다고 믿었지요. 의학이 발달하지 않았던 옛날에는 아기 때 병에 걸리거나 죽는 일이 많았기 때문에 이름을 천하게 지어서라도 아기가 오래오래 잘 살기를 바랐던 거예요.

첫돌을 기념하는 돌잔치

조선 시대에 살았던 이문건은 모두 여섯 아이를 두었어요. 하지만 어려서 많이 죽고 막내딸마저 스무 살에 세상을 떠났어요. 이제 남은 자식은 병치레가 잦은 아들 온뿐이었어요.

"온이 건강해져서 자식을 낳아야 할 텐데."

이문건은 자나 깨나 아들 걱정뿐이었지요. 다행히 온은 결혼을 하여 이문건이 58세 때 손자 숙길을 안겨 주었어요.

"숙길이 돌까지 건강하게 살아야 할 텐데."

이문건은 이제 자나 깨나 손자 걱정뿐이었어요. 자식들을 일찍 떠나보낸 터라 손자의 건강과 장수를 비는 마음이 무척 간절했지요.

시간이 흘러 숙길이 드디어 첫돌을 맞이했어요. 이문건은 무척 기뻐하며 귀양살이를 하는 처지에도 불구하고 돌잔치를 열었어요.

"우리 숙길이가 돌상에서 무엇을 집을지 궁금하구나. 무엇을 집으면 어떠랴, 아무것이라도 나는 좋다. 허허허."

이문건은 건강한 손자를 보기만 해도 절로 웃음이 나왔어요.

숙길은 돌상을 멀뚱히 바라보다 먹과 벼루를 집어 가지고 놀았어요. 조금 뒤엔 집안 대대로 내려오는 옥구슬을 집어 만지작거렸고, 활을 들고 놀다가 쌀을 한 주먹 집어 올렸어요. 다시 도장을 들고 놀더니 이내 책을 들었다 놓고는 쌀을 입 안에 넣고 오물거리면서 실을 잡아 흔들었지요.

"어허, 많이도 잡는구나. 그래도 맨 처음 붓과 벼루를 잡았으니 학자가 되려나."

그런데 숙길은 자라서 학자가 아니라, 임진왜란 때 왜군과 싸운 의병장이 되었어요.

돌잔치는 아기의 첫 번째 생일잔치예요. 옛날에는 태어나서 일 년이 되기 전에 죽는 아기들이 많았기 때문에 첫 번째 생일을 맞는 일이 무척 중요했어요. 돌잔치에서는 아기가 커서 무엇이 될까 점치는 돌잡이를 해요. 아기가 돌상 위에 차려진 물건 가운데 실을 잡으면 기다란 실처럼 오래 살고, 붓을 잡으면 공부를 잘하고, 활을 잡으면 용감한 장군이 되고, 쌀과 돈을 잡으면 커서 부자가 된다고 믿었답니다.

어른이 되는 의식
관례와 계례

현룡이는 친구 수호만 보면 약이 올랐어요. 열다섯 살이 되자마자 관례를 치른 수호는 상투를 틀고 갓을 쓰고 멋진 두루마기를 입으니까요. 그뿐이 아니었어요.

"현룡아, 이제 내게 존대를 해라. 나는 관례를 치렀으니 어른이고, 너는 아직 어린아이가 아니더냐."

수호가 뒷짐을 지고 점잖을 빼며 이렇게 말할 때마다 너무 분한 현룡이는 관례 치를 날을 목 빠지게 기다렸어요.

드디어 그날이 왔어요. 학식이 높은 친척 어르신이 현룡이의 관례를 주관하러 오셨어요. 친척들과 이웃들도 여럿 모였고요.

친척 어르신은 땋은 머리를 풀고 상투를 틀어 주었어요. 나풀거리던 댕기를 풀고 관을 쓰자 갑자기 몸도 커진 것 같은 기분이 들었어요. 어른 옷을 입자 어깨도 무거워졌어요. 현룡이는 어른들이 입는 평상복, 외출복, 관복으로 세 번이나 옷을 갈아입으면서 관례를 치렀어요.

"이제 어른이 되었구나. 더 열심히 공부하여 나라의 큰 일꾼이 되어라."

새 옷을 갈아입고 나올 때마다 친척 어르신은 현룡이를 축하해 주었고, 관례를 올린 사람을 부르는 새 이름인 '자'를 지어 주었어요.

"네 자는 구부다."

현룡이는 입속으로 "구부, 구부" 하고 불러 보았어요.

관례가 모두 끝나자 현룡이, 아니 구부는 아버지와 함께 사당에 가서 조상 위패에 절을 올리고 부모님과 친척, 이웃들께도 절을 올렸어요.

어른이 되기 위해 치르는 성인식은 아주 오래된 풍습이에요. 현룡이 치른 의식인 관례는 유교에서 나왔어요. 유교를 믿던 조선 시대의 양반 남자들은 15세가 넘으면 좋은 날을 골라 관례를 치렀지요. 여자의 성인식인 계례에서는 머리를 올리고 쪽을 지어 비녀를 꽂고, 새 이름 '자'를 받았어요.

서민들은 관례 대신 무거운 돌을 들어 올리는 '들돌 들기'로 성인식을 대신했어요. 들돌을 들면 어른과 같은 품삯을 받는 일꾼 대접을 받았답니다.

신부 부모님께 감사하는 마음을 담은
함

　조선 선조 때 영의정이었던 권철은 평소 옆집 소년 이항복을 눈여겨보았어요. 이항복은 동네에서 제일가는 장난꾸러기였지만 매우 총명하기도 했거든요. 권철은 아들 권율에게 이항복을 사위로 삼으라고 권했지요. 권율은 귀하디귀한 외동딸을 이항복에게 시집보내기로 했어요.
　"내 동생 항복이가 좋은 집안과 혼인을 하는구나. 이 누나가 정성껏 혼인 준비를 해 줘야겠다."

일찍 부모를 여읜 탓에 누나가 동생 항복의 혼인을 준비했어요. 먼저 이 항복이 태어난 해, 달, 일, 시를 적은 사주단자와 혼인을 청하는 편지를 권율 대감 집으로 보냈어요. 혼담을 먼저 꺼낸 쪽은 권씨 댁이지만 혼인 절차에 따라 신랑 집에서 사주단자를 보낸 거예요. 다음엔 신부 쪽에서 혼인 날짜를 골라 알렸어요.

누나는 정성껏 함을 준비했어요. 신부가 입을 옷감인 채단, 다섯 가지 곡식을 담은 오방색 주머니, 혼서지, 신부에게 주는 가락지 등을 넣었지요.

"항복아, 함에 또 넣고 싶은 거 있니?"

누나가 묻자 장난스럽기만 하던 항복의 얼굴이 발그레해졌어요.

"청실홍실만 넣으면 되지, 뭐 더 필요한 게 있겠어요?"

"아유, 장난꾸러기 녀석도 장가간다니까 부끄러운가 보구나! 청실홍실처럼 어울려서 사이좋게 잘 살아야 한다."

누나는 함 속에 청실홍실을 조심스럽게 넣었어요. 내일이면 함진아비를 비롯한 신랑 쪽 사람들이 청사초롱을 밝히고 신부 집을 찾아가겠지요!

옛 혼인 절차는 무척 복잡했어요. 먼저 남자 쪽에서 중매인을 통해 혼인을 청하고 사주단자를 보내면, 여자 집에서는 혼인할 생각이 없으면 돌려보내고, 받으면 혼인을 허락하는 것으로 여겼어요. 혼인이 결정되면 여자 집에서 혼인 날을 잡고, 남자 집에서 함을 보냈어요. 함 속에는 신부에게 주는 선물인 옷감과 예물, 혼인을 허락하여 감사하다는 편지인 혼서지, 신랑을 뜻하는 청실과 신부를 뜻하는 홍실 엮은 것을 보냈지요. 이렇게 함 보내는 일을 '납폐'라고 하는데, 딸을 시집보내는 부모에게 신랑 쪽에서 감사한 마음을 담아 선물하는 것이지요.

첫날밤을 몰래 훔쳐보는
신방 지키기

고려 때 이웃에 있던 원나라는 처녀들을 바치라고 고려를 괴롭혔어요. 당시 힘이 약했던 고려는 하는 수 없이 원나라로 보낼 처녀들을 뽑았어요.

미순이는 열일곱 살이었지만 아직 혼인을 약속한 신랑감이 없었어요.

"여보, 원나라에서 또 처녀들을 데려간다고 하오. 우리 미순이를 빨리 혼인시키도록 합시다. 김 부자네 막내아들도 혼인할 나이가 되었지?"

"올봄에 혼인을 했다지 뭐예요."

"최 씨네 큰아들은?"

"거기도 얼마 전에 짝을 정했대요."

미순이 아버지는 먼 친척들에게까지 연락하며 신랑감을 찾았지만 마땅한 청년을 찾을 수 없었어요. 원나라로 끌려가지 않으려고 다들 혼인을 서둘렀기 때문이지요.

"하는 수 없군. 나이가 좀 어린 신랑감이라도 찾아보는 수밖에. 원나라로 끌려가는 것보다는 어린 신랑하고라도 혼인을 하는 게 낫지 않겠소?"

결국 미순이는 열 살 난 신랑과 혼인을 하게 되었어요.

혼례가 끝나고 첫날밤이 되었어요. 집도 낯설고, 첫날밤이 무엇인 줄도 모르는 어린 신랑은 눈물만 그렁그렁하고 앉아 있었어요. 당장이라도 신방을 뛰쳐나가 집으로 달아날 것 같았지요. 그때 동네 아낙들이 신방 앞으로 왔어요.

"우리가 어린 신랑을 지켜 줍시다."

"뭘 해야 하는지도 가르쳐 주고요."

신방 앞을 지키던 이들 덕에 어린 신랑은 마음이 조금 놓였지요.

옛날에는 어린 남자아이를 결혼시키기도 했어요. 그래서 마을 아낙들이 신방 밖을 지키며 무엇을 어떻게 해야 하는지 알려 주기도 했어요. 신방 지키기는 신랑 신부를 보호하기 위한 일이기도 했어요. 신방에 도둑이 들어 신부를 훔쳐가는 일도 있었거든요. 또 첫날밤에 처음 신부 얼굴을 본 신랑이 도망을 가기도 했대요. 아낙들은 신방을 지키며 그런 일을 막기도 하고, 장난스럽게 분위기를 돋우기도 했답니다.

밤 대추 던지는 폐백

　옥분이는 눈물범벅으로 가마에 올랐어요. 시집을 간다고 좋아서 웃고 떠들었던 것이 무척 후회스러웠어요. 반면, 대길이는 싱글벙글 웃음이 떠나지 않았어요. 신부를 데리고 집으로 가는 마음이 뿌듯하기 그지없었지요. 옥분이와 알콩달콩 살 생각을 하니 참으려고 해도 웃음이 비어져 나왔어요.
　드디어 혼례 행렬은 대길이 집에 도착했고, 눈물범벅이 된 옥분이가 가마에서 내렸어요.

"우리 색시, 왜 울었어?"

옥분이는 대답도 없이 친정에서 가져온 음식을 꺼냈어요. 시부모님께 올릴 폐백 준비를 하기 위해서였지요.

"상을 정갈하게 차리고, 얌전하게 절을 잘해야 한다."

친정어머니 말씀을 떠올리니 또다시 왈칵 눈물이 나왔지만 꾹 참았어요.

옥분이는 밤과 대추, 육포, 떡을 올려 차린 폐백 상을 시부모님 앞에 놓고 절을 드렸어요. 어젯밤에 몇 번이나 연습했는데, 막상 시부모님 앞에서 절을 하려니 다리가 후들거렸어요.

옥분이는 겨우 절을 올리고 치마를 넓게 펼치고 앉았어요.

"그래, 아들딸 낳고 행복하게 잘 살아라."

시아버지가 밤과 대추를 던지며 덕담을 해 주었어요.

"가족 간의 화목이 으뜸이고, 자식을 낳으면 잘 가르쳐 길러라."

시어머니는 육포를 쓰다듬으며 며느리의 도리에 대한 덕담을 했어요.

옥분이가 시부모님께 예쁘게 보이려고 정성껏 폐백을 준비했으니, 맵섭다는 시집살이가 좀 덜하면 좋겠네요.

우리 전통 혼례식은 신부 집에서 치러요. 신부 집에서 사흘을 머무른 뒤, 신부는 가마를 타고 신랑은 말을 타고 신랑 집으로 가요. 이것이 '신행'이지요. 신랑 집에 도착하면 신부는 준비한 폐백 음식으로 상을 차리고 시부모님께 절을 올려요. 시부모님은 음식을 만지며 신부에게 잘 살라는 덕담을 하지요. 폐백이 끝나면 조상을 모시는 사당에 인사를 올려요. '사주단자'부터 시작한 혼례 절차는 신부 집에 인사 가는 '근친'까지 마치면 비로소 끝이 나지요.

만 육십 세를 축하하는 환갑잔치

　옛날 어느 마을에 꾀 많은 총각이 살았어요. 그런데 총각은 성미가 고약한 처녀에게 장가를 들게 되었지요. 첫날밤에 색시가 곤히 잠들자 신랑은 색시의 이불 밑에 똥을 한 바가지 퍼 놓고, 제 이불 밑에는 꿀을 한 바가지 퍼 놓았어요. 이튿날 아침, 잠에서 깬 색시는 똥을 보고 깜짝 놀랐어요.
　"아이고, 피곤해서 실수를 했나 보구려. 이 일은 비밀로 합시다."
　신랑은 색시를 위하는 척하며 똥을 치운답시고 색시 몰래 똥 묻은 요와

꿀 묻은 요를 바꿔치기 했지요.

"이걸 들고 나가면 사람들이 다 알 텐데 어쩌지? 하는 수 없군. 내가 다 먹어 치워야지."

신랑은 요에 묻은 똥을 다 먹었어요. 사실은 꿀이었지요. 그 뒤 신부는 신랑 말을 고분고분 잘 들으며 아들딸 많이 낳고 사이좋게 살았어요.

수십 년이 흘러 신랑 신부는 할아버지 할머니가 되어 환갑잔치를 하게 되었어요. 자식들은 온갖 음식들을 층층이 높이 쌓아 잔칫상을 차렸지요.

"음식을 높이 쌓은 걸 보니 자손들의 효성이 아주 깊은 모양이구나."

손님들은 모두 할아버지, 할머니를 부러워했어요. 형제들과 자식들이 차례대로 술잔을 올리고 절을 하자 할아버지는 마음이 아주 뿌듯했어요. 그래서 그동안 숨겨 온 첫날밤의 비밀을 털어놓았지요.

"뭐라고, 이 영감아? 그런 줄도 모르고 이제껏 참고 살았다니!"

몹시 화가 난 할머니는 할아버지의 머리카락과 수염을 몽땅 뽑아 버리고 말았답니다.

예로부터 우리 민족이 특별하게 치르는 생일이 돌과 환갑이에요. 돌은 만 한 살 생일이고, 환갑은 만 예순 살 생일이에요. 요즘과는 달리, 의학이 발달하지 않았던 옛날에는 육십 세를 넘기면 오래 사는 것이었어요. 그래서 환갑을 맞으면 잔치를 벌였지요. 환갑을 맞은 사람은 부모가 살아 계시면 색동옷을 입고 춤을 추어서 부모를 기쁘게 해 드린 다음 자식들의 절을 받았답니다.

저승사자를 위해 차리는 사잣밥

　저승의 염라대왕에게는 골칫거리가 하나 있었어요. 삼천 살이나 먹은 삼천갑자 동박삭을 저승으로 데려올 수 없는 거예요. 벌써 여러 차례 저승사자를 보냈지만 그는 번번이 꾀를 부려 저승사자를 따돌렸어요. 이번엔 강림 도령을 보내 삼천갑자 동방삭을 꼭 잡기로 했어요. 강림 도령은 원래 이승 사람인데 워낙 똑똑해서 염라대왕이 곁에 두고 있었지요.
　"무슨 수를 써서라도 삼천갑자 동방삭을 꼭 잡아 와야 하느니라."

염라대왕의 명령을 받은 강림 도령은 이승으로 내려갔어요. 이리저리 고민하던 강림 도령은 삼천갑자 동방삭을 꾀어낼 좋은 수를 생각해 냈지요.

강림 도령은 사람들이 많이 다니는 냇가에 가서 숯을 씻었어요. 며칠을 숯만 씻고 있자 구경꾼들이 모여들었어요. 그중 머리가 허연 한 남자가 강림 도령에게 물었어요.

"숯을 왜 씻는 거요?"

"백 일 동안 숯을 씻으면 까만 숯이 하얗게 된답니다."

강림 도령이 말하자 머리 허연 노인은 기가 막힌 듯 허허허 웃었어요.

"아이고, 이 미련한 사람아. 내 삼천 살이나 먹었지만 그런 얘기는 처음 들었소."

"삼천 살이나 먹었다면 당신이 바로 삼천갑자 동방삭이로군."

강림 도령은 벌떡 일어나 삼천갑자 동방삭을 잡아 꽁꽁 묶은 뒤 염라대왕에게 데려갔지요.

"역시 강림 도령이다. 골칫덩어리를 금세 잡아 오다니! 이제부터 저승사자의 우두머리가 되어 이승에서 목숨을 다한 이를 저승으로 데려오너라."

이렇게 해서 강림 도령이 저승사자의 우두머리가 되었대요.

옛날 우리 조상들은 사람이 죽으면 사잣밥을 차려 대문 밖에 놓았어요. 사잣밥은 사자상이라고도 하는데, 죽은 이를 데리러 오는 저승사자를 대접하는 상이에요. 밥 세 그릇, 동전 세 닢, 짚신 세 켤레를 차려 놓았지요. 저승사자는 보통 세 명이 함께 오기 때문이래요. 어떤 곳에서는 사자상에 된장, 간장, 짠지 등 짠 음식을 함께 올리기도 했어요. 저승사자가 짠 음식을 먹고 물을 마시는 사이에 죽은 이가 저승에 따라갈 마음의 준비를 한다고 여겼거든요.

부모님을 그리워하며
시묘살이

　조선 시대에 이변이라는 사람이 살았어요. 어느 날 아버지가 돌아가시자 효성 깊은 이변은 아버지의 묘 옆에 오두막을 지었어요. 지붕은 겨우 비를 가릴 만하고, 안쪽은 한 사람이 겨우 몸을 누일 수 있을 정도로 초라한 오두막이었어요.
　"아이고! 아이고! 아버님 살아생전 효를 다하지 못해 후회가 막심합니다."
　이변은 하루 세 번 아버지 묘에 절을 하며 정성을 다해 묘를 지켰어요.

이렇게 묘 옆에서 시묘살이를 시작한 지 아홉 달이 지났을 무렵, 갑자기 왕의 명령이 떨어졌어요. 이변에게 벼슬을 내린 것이에요.

"못난 제게 벼슬을 내려 주시니 황송하여 몸 둘 바를 모르겠사오나, 신이 시묘살이 중이라 감히 벼슬을 받을 수 없사옵니다."

하지만 왕이 명을 거두지 않자 결국 이변은 슬픔을 무릅쓰고 벼슬자리에 나가게 되었답니다. 인품이 뛰어나고 총명했던 이변은 계속 높은 관직을 받았어요. 그러나 자식의 도리를 다하지 못해 늘 마음이 아팠답니다.

어느 날 어머니마저 돌아가시자 이변은 또 시묘살이를 시작했어요. 그런데 시묘살이를 시작한 지 일곱 달쯤 지났을 때 또 왕이 관직을 내렸어요.

'이번에도 불효를 할 수는 없지.'

이변은 왕에게 상소를 올렸어요.

'전하의 특별한 은총으로 관직을 받아 황공하기 이를 데 없습니다. 허나 신이 이미 부친상을 중도에 그만둔 마당에 모친상마저 제대로 치르지 못 한다면 충효를 근본으로 하는 조정의 정치에 큰 누를 끼치지 않겠습니까. 부디 명을 거두어 주소서.'

이변의 상소를 받은 왕은 그 효성에 깊이 감탄하여 명을 거두었답니다.

옛날 우리 조상들은 부모가 돌아가시면 자신을 죄인이라 여겨 묘 옆에 움막을 짓고 3년 동안 지내는 시묘살이를 하기도 했어요. 사람은 태어나서 세 살 정도까지는 부모의 절대적인 사랑과 보살핌이 없으면 사람 구실을 하기 어려워요. 부모가 이렇게 내게 헌신하였듯이, 부모로부터 받은 사랑을 기리며 최소한 3년은 묘를 곁에서 돌봐야 한다고 여긴 것이지요.

4장 우리 조상들의 믿음, 민속 신앙

귀신아! 나와 봐~

돈을 콧구멍에 좀 끼우지 마, 간지러워!

돼지머리가 웃는 것 같아요.

天下大將軍
地下女將軍

행운을 가져다주는 **꿈 팔기**
아기를 점지해 주는 **삼신할머니**
풍년을 바라는 **고수레**
귀신 쫓는 그림 **세화**

서낭신 모시는 **서낭당**
당산나무에 치렁치렁 **물색**
마을을 지키는 **장승**

오리가 올라앉은 **솟대**
무섭고도 귀여운 **도깨비**
고사 때 쓰는 **돼지머리**
땅에도 기운이 있다는 **풍수지리**

십이지 동물로 정하는 **열두 띠**
굿을 하고 점을 치는 **무당**

행운을 가져다주는 꿈 팔기

　신라 선덕여왕 때 일이에요. 김유신 장군의 동생 보희가 하루는 이상한 꿈을 꾸었어요. 보희는 동생 문희에게 꿈 이야기를 해 주었지요.
　"내가 산에 올라가 서라벌(신라의 수도)을 내려다보는데 갑자기 오줌이 마려운 거야. 산 위에 주저앉아 오줌을 누었는데, 글쎄 오줌이 끝도 없이 나오는 거 아니겠니? 서라벌이 푹 잠기도록 말이야. 망측하게!"
　문희는 언니의 꿈이 예사롭지 않다고 생각했어요. 그래서 자기에게 꿈을 팔라고 졸랐지요.

"망측한 꿈을 사서 뭣 하려고. 그냥 너 가지렴."

"그래도 꿈값은 치러야 하니까 여기 비단치마 받아요."

"좋아. 나는 그 꿈을 팔았다. 물러 달라고 하기 없어."

며칠이 지난 어느 날, 김유신은 신라 왕족인 김춘추를 집에 데리고 왔어요. 김유신은 축구를 하다가 실수인 척 김춘추의 옷을 밟아 옷자락을 터지게 만들었어요.

"아이고, 이를 어쩌나. 제 동생더러 옷을 꿰매 달라고 해야겠습니다. 보희야, 보희 있느냐?"

김유신은 보희를 불렀어요. 사실 김유신은 보희와 만나게 하려고 일부러 김춘추를 데려왔답니다. 그 사실을 모르는 보희는 손사래를 쳤어요. 외간 남자의 옷을 꿰맬 수 없다고 말이에요.

"오라버니, 제가 하겠습니다."

이때 문희가 자청하며 나섰어요. 문희는 바느질 바구니를 들고 다소곳이 김춘추가 있는 방으로 가서 옷을 꿰맸지요. 그 모습에 김춘추는 그만 마음을 빼앗겼어요. 그 뒤 둘은 혼인을 했고, 김춘추가 신라의 왕이 되자 문희는 왕후가 되었지요. 문희는 이 모든 게 꿈을 산 덕분이라고 생각했답니다.

우리 민족은 꿈에 특별한 의미를 두었답니다. 아기를 가지면 태몽으로 남자인지 여자인지, 큰 인물이 될 아이인지 추측해 보았어요. 또 나쁜 꿈을 꾸면 미리미리 조심하고, 자신에게 필요한 꿈을 다른 사람이 꾸었을 때는 꿈값을 치르고 꿈을 사기도 했어요. 물론 꿈을 산다고 정말로 행운이 따라오는지는 알 수 없지만 말이에요.

아기를 점지해 주는 삼신할머니

  옛날 동해 용왕에겐 귀하게 자란 탓에 말썽만 부리는 딸이 하나 있었어요. 어찌나 말썽이 심했는지 용왕이 이 외딸아기를 죽이라는 명을 내릴 지경에 이르렀어요. 하지만 어머니의 간곡한 청으로 목숨을 구하고 대신 인간 세상에 내려가 삼신 노릇을 하게 되었지요. 어머니는 딸을 인간 세상에 내려 보내며 급하게 아기 점지하는 법을 가르쳐 줬어요.
  인간 세상으로 내려온 외딸아기는 자식이 없던 임박사 부부에게 아기를

점지해 주었지요. 그런데 열 달이 훨씬 지나도 아기가 태어나지 않았어요.

"아기가 왜 나오지 않는 거요? 열 달이면 태어나야 하지 않소?"

임박사는 걱정스러워 발을 동동 굴렸어요. 하지만 외딸아기는 어찌할 수가 없었어요. 아기를 무사히 태어나게 하는 법은 미처 배우지 못했거든요.

"아이고, 큰일이네. 옥황상제님, 우리 아기와 산모를 구해 주소서!"

임박사는 옥황상제에게 빌었어요. 옥황상제는 명진국의 따님아기를 삼신으로 보내 임박사의 아기가 무사히 태어나게 했어요.

"이제부터는 내가 이승의 삼신이오!"

명진국 따님아기가 말했어요. 하지만 외딸아기는 삼신 자리를 내놓고 싶지 않았어요.

둘은 서로 이승의 삼신 자리를 두고 다투었어요. 보다 못한 옥황상제는 둘의 능력을 시험하여 정하기로 했어요. 옥황상제는 둘에게 꽃나무를 주어 키우게 했어요. 그런데 어찌된 일인지 따님아기의 꽃은 활짝 핀 반면, 외딸아기의 꽃은 피지도 못한 채 시들어 버렸지요. 결국 따님아기가 이승의 삼신이 되었고, 꽃을 피우지도 못하고 시들게 한 외딸아기는 일찍 죽은 아기들의 넋을 위로하는 저승의 삼신이 되었답니다.

삼신할머니는 아기를 점지해 주고 잘 태어나게 하고, 또 열다섯 살까지 잘 자라도록 지켜 주는 신이에요. 예로부터 아기가 태어날 때 아기와 산모의 건강을 빌며 삼신에게 바치는 상을 차렸어요. 삼신상은 세이레(아이가 태어난 지 21일째 되는 날로, 삼칠일이라고도 함)나 백일과 첫돌처럼 아기에게 중요한 날에도 차렸지요. 의학이 발달하지 않아 아기 때 아프거나 죽는 일이 많던 시절, 사람들은 삼신이 아기를 지켜 준다고 믿으며 빌었어요.

풍년을 바라는 고수레

옛날 어느 산골에 고씨네라는 홀아비가 살았어요. 고씨네는 늘 열심히 일했지만 가난했어요. 농사지을 땅도 아주 적은 데다 그나마 가진 밭도 거칠어서 아무리 열심히 해도 곡식을 많이 거두지는 못했지요.

가뭄이 계속되던 어느 쨍쨍한 여름날이었어요. 고씨네는 애써 가꾼 곡식이 말라 가는 것을 힘없이 보고 있다가 벌떡 일어났어요.

"바가지로 퍼서라도 물을 대야겠어."

고씨네는 물이 조금 남아 있는 수로에서 물을 길어 자기 논으로 퍼 날랐어요. 이내 고씨네의 바가지를 든 팔이 바들바들 떨리고 다리는 후들거렸어요. 며칠 동안 쫄쫄 굶은 탓에 힘이 없었거든요. 결국 고씨네는 자기 논 위에 쓰러져 죽고 말았어요.

며칠 뒤 지나가던 마을 사람이 고씨네를 발견했어요.

"아이고, 불쌍한 사람. 평생 일만 하다 이게 무슨 꼴이람."

마을 사람들은 고씨네를 그의 논밭이 바라다 보이는 곳에 묻어 주었지요.

얼마 뒤 한 농부가 일을 하다가 점심을 먹으려고 논가에 앉았어요. 밥 한 숟가락을 입에 넣으려다가 문득 고씨네 무덤을 보게 되었지요.

"평생 고생스럽게 일만 하고 한 번도 배불리 먹어 본 적이 없으니 고씨네 자네 팔자도 참 가엾네그려. 죽어서라도 배곯지 말게, 고씨네."

농부는 고씨네 무덤 쪽으로 밥 한술을 던지며 말했어요.

그해 그 농부의 논에서는 유난히 수확이 많았어요.

"고씨네 덕분에 풍년이 들었나 보군."

농부의 말을 들은 마을 사람들은 산이나 들에서 음식을 먹을 때마다 음식을 조금 떼어 고씨네 무덤 쪽으로 던지며 "고씨네!"라고 말했답니다.

고수레는 근처 사는 신들에게 먼저 인사를 하고 잡귀들을 달래는 풍습이에요. 고수레를 안 하면 체하거나 탈이 난다고 하지요. 고시래, 고씨네, 고스레 등 지방마다 부르는 이름이 다르고 얽힌 이야기도 여러 가지랍니다. 어디에서 시작되었는지는 정확히 몰라도, 고수레는 음식을 먹게 해 준 천지만물과 사람들에 대한 감사와 풍년 기원의 뜻을 담고 있어요.

귀신 쫓는 그림 세화

신라 헌강왕은 어느 날 울산에 놀러 갔다가 동해 용왕을 위해 절을 한 채 지었어요. 용왕은 그 보답으로 아들 처용을 신라에 보내 주었지요. 헌강왕은 처용에게 벼슬을 내리고, 아름다운 여자와 혼인도 시켰어요. 처용의 아내는 너무 예뻐서 귀신들조차 반할 정도였지요.

어느 날 처용은 여느 때처럼 밤늦게 집으로 갔어요. 아내 혼자 자고 있을 방으로 들어갔는데, 이불 밑으로 발이 네 개나 보이지 뭐예요?

"한 사람은 내 아내가 분명하나 다른 사람은 누구란 말인가!"

처용은 조용히 문을 닫고 마당으로 나왔어요. 그러더니 화를 내기는커녕 별안간 노래를 지어 부르며 춤을 추기 시작했지요.

"서라벌 달 밝은 밤에 밤늦도록 놀다가 돌아와 보니 발이 네 개로구나. 두 개는 내 아내 것이 분명하나 다른 두 개는 누구 발이더냐."

사실 처용 아내와 함께 있던 이는 나쁜 병을 일으키는 역신이었어요. 아름다운 처용의 아내에 반해 처용으로 변신하고 찾아온 거지요. 방 안에 있던 역신은 처용의 노래를 듣고 뛰쳐나와 처용 앞에 무릎을 꿇었어요.

"처용님, 제가 아내를 빼앗았는데 노래하며 춤을 추다니, 당신은 큰 인물입니다. 앞으로는 당신 얼굴을 그린 그림만 보아도 근처에 얼씬하지 않겠습니다."

역신은 처용 앞에 머리를 조아리며 용서를 빌고 사라졌어요. 이 일이 있은 후로 사람들은 역신을 쫓기 위해 대문에 처용 그림을 붙였답니다.

옛날에는 새해가 되면 집집마다 대문에 처용 그림을 붙였어요. 나쁜 병을 일으키는 역신이 집 안으로 들어오지 못하게 하려고요. 또 처용 그림 대신 닭이나 호랑이 그림을 붙이기도 했어요. 새벽을 깨우는 닭이나 용맹한 호랑이도 나쁜 귀신을 막는 힘이 있다고 여겼거든요. 또 머리 셋 달린 매나 눈이 여럿 있는 개, 해치 같은 상상의 동물 그림을 붙이기도 했어요. 이런 그림을 '세화'라고 해요. 지금처럼 의학이 발달하지 않았던 옛날에는 귀신 쫓는 그림을 붙여서라도 나쁜 병이나 액운을 물리치기 바란 것이지요.

서낭신 모시는 서낭당

조선 시대 영의정을 지냈던 최명길이 젊었을 때 일이에요. 안동 부사로 있는 외삼촌을 만나러 문경 새재를 지나는데, 웬 젊고 예쁜 여인이 따라왔어요.

"혼자 가기 무서우니 함께 가도 될까요?"

"그러시지요."

여인은 최명길이 계속 자기 정체를 미심쩍어하는 것을 알기라도 하듯, 자기 이야기를 하기 시작했어요.

"저는 사람이 아니라 문경 새재 서낭신입니다. 안동에 사는 좌수의 딸을 죽이러 가는 길이지요. 안동 좌수가 서낭당에 걸려 있는 내 치마를 자기 딸에게 갖다 주었지 뭡니까. 그래서 앙갚음을 하려고요."

"잘못이 아무리 크다 한들 사람 목숨은 하늘에 달렸는데 그리 하면 됩니까. 내가 그 치마는 찾아 주리다."

여인은 한참 동안 최명길을 바라보다 말했어요.

"공의 체면을 보아 좌수의 딸은 살려 주겠으니 공도 제 청을 들어주십시오. 공은 보통 분이 아니십니다. 훗날 재상에 오르고, 나라에 큰 공을 세울 분입니다. 앞으로 명나라가 망하고 청나라가 흥할 것이니, 청나라가 쳐들어올 때 부디 전쟁을 피해 이 나라를 지켜 주십시오."

그렇게 말하고 여인은 사라졌어요. 서둘러 안동 좌수의 집을 찾아가니 좌수의 딸이 죽어 가고 있었어요. 서낭신이 목을 조르고 있었거든요.

"서낭당에서 가져온 치마를 불사르고 제사를 지내시오."

최명길의 말이 떨어지자 좌수는 당장 그 말을 따랐고, 서낭신은 좌수의 딸을 놓아 주었어요. 그 후 최명길은 영의정에도 올랐고, 병자호란이 일어났을 때 청나라와 다투지 말고 가까이 지낼 것을 주장했답니다.

우리 조상들은 마을 어귀나 고갯마루에 마을의 수호신인 서낭을 모시는 서낭당을 세웠어요. 서낭당에는 무당이 굿을 할 때 쓰는 도구와 옷이 있고, 옆에는 신이 깃들어 있다는 크고 오래된 나무와 돌탑이 있어요. 마을 사람들은 해마다 봄가을이면 마을을 지키는 서낭신에게 제사를 올렸는데, 서낭당 제사는 온 동네의 축제였답니다.

당산나무에 치렁치렁 물색

　경주 최씨가 경상북도 고령의 봉우리에 처음 들어와 살 때였어요. 최씨네 식구들은 열심히 농사를 지었지만 추수 때 거두어들이는 곡식은 얼마 되지 않았어요. 땅이 워낙 척박하여 곡식이 잘 자라지 않았거든요.
　보리죽을 먹으며 하루하루 살아가던 어느 날이었어요. 커다란 봉황이 마을로 날아오더니 산의 북쪽에 내려앉았다 날아가는 것이었어요.
　"저기 뭐가 있기에 봉황이 앉은 것일까?"

큰아들은 서둘러 산으로 가 보았어요. 산에는 상수리나무가 넓은 잎을 펼치며 무성하게 자라고 있었어요. 봉황이 내려앉았던 북쪽으로 가다 보니 상수리나무들 가운데 크고 늠름한 소나무 한 그루가 떡 버티고 서 있었어요. 보통 소나무는 잎이 넓은 나무들 틈에서 자랄 수 없기에 아주 특별한 광경이었지요.

"임금님이 계신 북쪽에 자리한 소나무라……. 이 나무가 봉황이 내려앉은 신령한 나무가 분명해!"

큰아들은 음식을 마련하여 소나무에 제사를 지내고 정성껏 모셨어요. 그리고 그해 최씨네 논에 풍년이 들었어요. 그 뒤 봉우리에서는 해마다 그 소나무를 당산나무로 삼아 제사를 지냈어요.

그러던 어느 해에 제사를 소홀히 했더니 산에서 멧돼지가 내려와 농사를 망치고, 우물에 아이가 빠져 죽는 등 마을에 흉흉한 일들이 생겼어요.

"제사를 소홀히 지내니 신이 노해서 이런 일이 생기는 거야."

그 뒤 마을 사람들은 해마다 대보름 전날이면 잊지 않고 신령한 당산나무에 정성껏 제사를 올렸답니다.

옛날에는 마을 어귀나 서낭당 옆에 나이가 많고 가지를 넓게 뻗은 큰 나무가 있었어요. 사람들은 그 나무를 당산나무, 신목, 서낭나무, 당나무 등으로 부르며, 나무에 마을을 지켜주는 신이 깃들어 있다고 믿었지요. 당산나무에는 서낭신에게 드리는 예물인 오색 천을 치렁치렁 걸었어요. 이렇게 나무에 천을 걸어 두는 것을 '물색'이라고 하지요. 때 묻은 저고리나 흰 종이를 걸기도 하는데, 때 묻은 저고리는 아픈 사람의 병을 거두어 가 달라는 뜻이고, 흰 종이는 소원을 비는 종이였어요.

마을을 지키는 장승

평화로웠던 어떤 마을에 언제부턴가 좋지 않은 일들이 자꾸만 생겨났어요. 급기야 아이들이 시름시름 앓다 죽기 시작했어요. 아이가 태어나 스스로 걸을 수 있을 때쯤 되면 이유도 없이 죽으니 마을 사람들은 걱정이 되어 어쩔 줄 몰랐어요.

"이러다 늙은이들만 남는 거 아닌지 모르겠구먼."

그러던 어느 날, 한 스님이 마을을 지나가다 말했어요.

"이 마을은 인심이 좋아 살기는 좋으나 아이들 키우기가 힘들겠구나."

마침 그 말을 들은 마을 노인이 스님을 붙잡고 물었어요.

"그걸 어떻게 아셨습니까? 어떻게 하면 아이들을 잘 키울 수 있을까요?"

"앞산 고개 너머에 서낭당이 있는데, 서낭당에 나무로 사람 모양을 만들어 세워 놓고, 보름날마다 밥과 떡을 올리고 정성을 들이면 아이들을 잘 키울 수 있을 것이오."

노인은 당장 마을 사람들을 모아 스님의 이야기를 전했어요. 마을 사람들은 밥과 떡을 하고, 큰 나무를 사람 모양으로 깎아 서낭당 옆에 세웠어요.

"아이들이 잘 자라고, 마을에 풍년이 들게 해 주세요."

사람들은 정성껏 제사를 지내고, 사람 모양의 나무 기둥인 장승 앞을 오갈 때마다 절을 하며 빌었어요. 그 뒤 마을에서 태어난 아이들은 모두 건강하게 잘 자랐대요. 그리고 이 소식을 들은 다른 마을에서도 서낭당 옆에 사람을 닮은 나무를 깎아 세우기 시작했답니다.

장승은 눈이 퉁방울만 하고 이는 대문짝만 하여 무섭게 생겼어요. 우리 조상들은 전염병을 일으키는 역신이나 잡귀가 마을로 들어오는 것을 막기 위해 일부러 무섭게 생긴 장승을 만들어 마을 입구에 세웠답니다.

장승은 또 마을의 경계를 알리거나 사람들에게 길을 알려 주는 이정표 역할을 하기도 했어요. 절 입구에도 장승을 세웠는데, 절에는 나무보다 돌로 만든 장승이 더 많았답니다.

오리가 올라앉은 솟대

"불이야! 불이야!"

내목 마을이 발칵 뒤집혔어요. 화경산에 또 불이 났기 때문이에요. 마을 사람들은 물동이를 이고 지고 달려가 물을 끼얹었지만 산불은 좀처럼 잡히지 않았어요. 다른 마을 사람들이라도 와서 도와주면 좋으련만 사방이 온통 산으로 둘러싸여 가까운 곳에는 마을이 없었어요. 결국 산불은 화경산을 까맣게 태우고, 마을의 논과 밭을 태우고, 산에서 가까운 몇몇 집까지 홀랑 태우고 난 뒤에야 저절로 꺼졌어요.

이름에 불 화(火) 자가 들어간 화경산은 불기운이 세서 자주 불이 났어요. 내목 마을 사람들은 그때마다 큰 피해를 입었지요.

"이대로 두고 볼 수는 없어요. 우리 마을에도 솟대를 세웁시다."

이번 불로 집과 논밭을 모두 잃은 조 서방이 소리쳤어요.

"솟대는 홍수가 나지 말라고 세우는 거 아니오? 우리 마을은 물이 부족한데 솟대를 세우면 안 되는 거 아니오?"

"아니에요. 물오리가 올라앉은 솟대는 불기운도 막아 준다고 들었어요. 한번 해 보기나 합시다. 예?"

모든 것을 다 잃은 조 서방이 울부짖자 마을 사람들은 그 말을 들어주기로 했어요.

그리하여 내목 마을에는 용틀임을 하는 모양의 높은 장대 위에 물오리를 얹은 솟대가 세워지게 되었어요. 오리 솟대를 세운 뒤 신기하게도 전처럼 불이 자주 나지 않았어요. 지금도 전북에 있는 내목 마을 사람들은 해마다 음력 2월 1일 당산제를 지내고 솟대를 세운답니다.

솟대는 기다란 나무 기둥 위에 나무나 돌로 새를 만들어 세운 것이에요. 솟대 위의 새는 주로 오리 같은 물새인데, 우리 조상들은 오리로 솟대를 만들면 가물 때는 비를 주고, 비가 많이 올 때는 홍수를 막아 주어 풍년을 가져온다고 믿었어요. 오리가 물을 다스린다고 생각했기 때문이지요. 솟대에는 풍년을 바라는 마음도 들어 있어요. 그래서 솟대 위에 얹은 새 옆에 볍씨를 담은 주머니를 매달기도 한답니다.

무섭고도 귀여운
도깨비

옛날 어느 산속에 숯 파는 영감이 홀로 살았어요. 어느 밤, 달구경을 하는데 갑자기 도깨비가 나타나서 영감은 깜짝 놀랐어요.

"영감, 무서워할 것 없소. 둘 다 심심한 것 같은데 나랑 장기나 둡시다!"

도깨비는 밤마다 찾아와 영감과 함께 장기를 두고 재미나게 놀았어요. 그런데 도깨비와 어울릴수록 영감의 얼굴이 점점 도깨비를 닮아 갔어요.

"아이고, 도깨비와 어울리면 도깨비가 된다더니. 그렇다고 이제 찾아오지 말라고 하면 도깨비가 나를 가만두지 않을 텐데, 어쩌나."

영감은 하루 종일 고민을 하다 꾀를 냈어요.

그날 밤 도깨비가 찾아오자 재미있게 장기를 두다가 슬쩍 물었어요.

"이봐, 도깨비. 자네는 무서운 것이 뭔가?"

"난 닭 피가 무서워. 영감은?"

"나는 돈. 세상에서 돈이 제일 무섭다네."

이튿날 영감은 닭 피를 구해 집 주위를 빙 둘러 뿌려 놓았어요. 그날 밤 영감 집에 찾아온 도깨비는 깜짝 놀랐어요.

"아악! 닭 피다! 아악, 무서워."

도깨비는 걸음아 날 살려라 하며 산 위로 달아났어요. 영감은 도깨비가 다시는 나타나지 않을 거라고 생각했지만 화가 난 도깨비는 또 영감 집을 찾아왔어요.

"에잇, 나쁜 영감아! 너도 한번 무서움을 당해 봐라."

도깨비는 영감이 무서워한다는 돈을 마당 가득 던져 놓고 달아났어요. 그 다음은 어떻게 되었을까요?

도깨비는 옛날 이야기에 자주 등장해요. 심술궂거나 어리석거나 장난기가 가득한 모습으로 늘 사람들 곁에 있어요. 그런데 도깨비가 어떻게 생겼는지는 정확하게 알 수 없어요. 우리나라 도깨비는 이야기 속에만 등장하고 그림으로 남아 있지 않기 때문이에요. 이야기 속 도깨비는 빗자루, 부지깽이, 깨진 그릇, 방석 등 사람이 쓰다 버린 물건이 변해서 되는 경우가 많아요. 그래서 옛날 사람들은 손때 묻은 물건을 함부로 버리지 않고 반드시 태웠답니다.

고사 때 쓰는 돼지머리

하늘나라 옥황상제 밑에는 업장군과 복장군이 있었어요. 업장군과 복장군은 만나기만 하면 으르렁대며 싸웠지요.

"내가 옥황상제님의 진정한 신하야."

"천만에. 나야말로 옥황상제님의 신임을 한 몸에 받고 있다고!"

두 장군이 밤낮없이 싸우는 통에 하늘나라가 너무 시끄러웠어요. 하는 수 없이 옥황상제는 둘 중 한 명만 가까이 두기로 마음먹었지요.

'업장군과 복장군 중 누구를 곁에 둘까? 둘 중 하나를 뽑는다고 하면 또 싸울 게 뻔한데 좋은 방법이 없을까?'

고민을 하던 옥황상제는 공정하게 시합을 벌이기로 했어요. 시합에 이기면 옥황상제의 곁에 남고 진 사람은 멀리 보내기로 한 것이지요.

"지금부터 탑을 쌓아라. 먼저 완성한 사람을 내 곁에 두겠다."

시합이 시작되자 복장군은 열심히 돌을 날라 탑을 쌓았어요. 그러나 업장군은 잔꾀를 부려 복장군을 방해하고 먼저 탑을 완성했지요.

"옥황상제님! 탑을 봐 주십시오. 제가 먼저 완성했습니다."

"좋다. 이제부터 업장군이 나를 보필하도록 하라."

옥황상제의 말이 떨어지자 업장군은 뛸 듯이 기뻐했어요. 그런데 얼마 뒤 옥황상제는 업장군이 잔꾀를 부려 복장군을 방해했다는 사실을 알았어요.

"이대로 두었다가는 복장군이 업장군을 해칠지도 모르겠군!"

옥황상제는 얼른 복장군을 돼지로 만들었어요. 그러고는 사람들이 옥황상제에게 소원을 빌 때, 그 소원을 하늘로 올려 주는 전달자로 삼았어요. 그때부터 고사에 돼지를 쓰게 되었답니다.

고사는 재앙을 막고 평안과 풍년을 바라는 마음으로 음식을 차려 놓고 비는 제사예요. 고사 상에는 주로 복과 다산을 상징하는 돼지머리 외에도 시루떡과 실타래로 감은 통북어를 떡 위에 올려놓기도 해요. 북어는 눈이 사람과 닮아 사람을 대신할 수 있는 것이라고 생각했어요. 북어가 대신 재앙을 받으면 사람은 재앙에서 벗어날 수 있다는 믿음으로 고사 상에 올린 것이지요. 실타래는 나쁜 귀신은 꽁꽁 묶고, 집안일은 실처럼 길게 잘 뻗어 나가라는 뜻을 담고 있어요.

땅에도 기운이 있다는 풍수지리

　신라 말기 송악(지금의 개성)에서 있었던 일이에요. 당나라에서 풍수지리를 배운 뒤 백두산을 둘러보고 송악으로 돌아온 도선 스님은 우연히 왕융의 집 앞을 지나갔어요.
　"기장을 심을 터에 왜 삼을 심었는가!"
　도선 스님은 집터를 보며 중얼거렸어요. 왕융의 부인이 그 말을 듣고 남편에게 알렸어요. 왕융은 서둘러 도선 스님을 쫓아갔지요.

"스님, 잠시 제 집에 머물다 가시지요."

왕융은 간절히 청을 하여 도선 스님을 모셔 왔어요.

"스님, 아까 하신 말씀이 무슨 뜻입니까?"

도선의 말은 기장(볏과의 한해살이풀)을 뜻하는 '제'는 왕을 뜻하는 '제'와 소리가 같아서, 왕이 나올 집터이니 준비를 잘해야 한다는 뜻이었지요.

"저와 함께 송악산에 올라 살펴보시지요."

도선 스님은 왕융과 함께 송악산에 올라 송악을 내려다보며 말했어요.

"이 땅은 백두산에서부터 내려온 명당입니다. 여기에 서른여섯 칸 집을 지으면 고귀한 인물이 태어나 삼국을 통일할 것입니다. 그러니 내년에 아들이 태어나거든 이름을 왕건이라 지으십시오."

왕융은 당장 서른여섯 칸 집을 짓고 살다가 아들이 태어나자 이름을 왕건이라 지었어요. 그 뒤 왕건은 도선의 말대로 삼국을 통일하고 고려를 세워 왕이 되었어요. 도선 스님은 《도선비기》라는 예언서를 쓴 풍수지리의 대가였답니다.

'조상의 묏자리를 잘 써야 자손이 잘된다.' '집터가 좋아야 훌륭한 인물이 나온다.' '터가 좋은 마을에는 훌륭한 사람이 많이 난다.' 우리 조상들은 실제로 이렇게 생각했어요. 풍수지리를 믿었기 때문이지요. 풍수가 좋은 곳에 묘를 쓰기 위해 남의 땅에 몰래 무덤을 만드는 사람마저 있을 정도였어요. 풍수지리에서는 몸에서 핏줄을 타고 피가 흐르듯, 땅에도 기운이 흐르는 길이 있다고 생각해요. 이 기운을 잘 받은 사람은 복을 받고, 기운이 모인 곳에 집을 짓거나 묘를 쓰면 집안이 대대로 잘된다는 거예요. 또 반대로 기운이 나쁜 곳에 집을 짓거나 묘를 쓰거나 마을을 세우면 나쁜 일이 생긴다고 믿었지요.

십이지 동물로 정하는 열두 띠

옛날 옥황상제가 땅 위에 사는 열두 동물에게 말했어요.

"정월 초하루에 세배하러 오너라. 일찍 오는 순서대로 상을 주겠다."

땅에서 하늘에 있는 옥황상제의 궁궐까지는 천 리도 넘었어요. 덩치는 크지만 달리기에 자신이 없는 소는 걱정이었어요.

"말은 긴 다리로 성큼성큼 뛰어갈 거야. 호랑이는 천 리를 쉬지 않고 달릴 수 있지. 토끼는 덩치가 작지만 워낙 재빠르잖아. 나는 느리니까 먼저 출발

하는 수밖에 없어."

느리지만 부지런한 소는 그믐날 밤, 다른 동물들이 자고 있는 틈을 타 출발했어요. 그런데 밤이면 힘이 팔팔 나는 쥐가 이 모습을 보았지요.

"지금 간다고? 그럼 나도."

쥐는 몰래 소 등에 올라탔어요.

나머지 동물들은 정월 초하루 새벽에 하늘나라로 출발했어요. 일찍 출발한 소는 벌써 하늘나라의 문 앞에 이르렀지요.

"세배하러 왔습니다. 문 열어 주셔요."

하늘나라 궁궐 문이 활짝 열렸어요.

"내가 일등이다."

소가 문 안으로 들어가려는 순간 소의 머리에서 쥐가 폴짝 뛰어내렸어요.

"천만에! 일등은 나지!"

뒤이어 새벽에 일어나 천 리를 쉬지 않고 달려온 호랑이는 3등이 되었고, 토끼는 오다가 깜박 조는 바람에 4등, 용, 뱀, 말, 양, 원숭이, 닭, 개, 돼지가 뒤를 이었어요.

옥황상제는 일등인 쥐부터 순서대로 해를 세는 십이지로 삼았답니다.

쥐띠, 소띠, 호랑이띠, 토끼띠, 용띠, 뱀띠, 말띠, 양띠, 원숭이띠, 닭띠, 개띠, 돼지띠. 우리들은 모두 열두 띠 가운데 하나의 띠를 가지고 있어요. 띠는 태어난 해의 동물 이름으로 삼아요. 옛날에는 해를 셀 때 숫자 대신 쥐, 소, 호랑이, 토끼 등 열두 동물의 이름을 붙여 순서대로 세었지요. 이를 '십이지'라고 해요.

굿을 하고 점을 치는 무당

　옛날 삼나라에 오구대왕이 살았어요. 딸이 여섯이나 있었지만 대왕은 나라를 물려줄 아들을 바랐지요. 왕비가 일곱째마저 딸을 낳자 실망한 나머지 그 딸을 내다 버리라고 했어요. 버려진 아기는 어느 늙은 부부가 거두어 키웠어요.

　세월이 흘러 왕과 왕비는 큰 병에 걸렸어요. 몸에 좋다는 약은 모두 구해 먹었지만, 조금도 나아지지 않았지요. 왕은 용한 무당을 불러 어떻게 하면 병이 나을지 물었어요.

"저승에 있는 생명수를 구해 마시면 나으실 겁니다."

그러나 여섯 딸들 중 누구도 다녀오겠다고 나서는 사람이 없었어요. 오구대왕은 신하들에게 버린 딸을 찾아오게 했지요.

"네가 우릴 위해 저승에서 생명수를 구해 오겠느냐?"

오구대왕은 버린 딸, 바리공주에게 물었어요.

"비록 저를 버리셨지만 부모님을 위해 저승으로 가겠습니다."

바리공주는 고생 끝에 마침내 생명수와 불사약을 구해 돌아왔어요. 하지만 이미 왕과 왕비는 죽고 만 뒤였지요. 바리공주는 죽은 부모가 실린 상여를 멈추게 하고, 생명수로 왕과 왕비를 살려냈어요. 살아난 오구대왕은 바리공주에게 큰 상을 내리려고 했어요.

"나를 살려 낸 딸 바리공주에게 이 나라를 물려주겠다."

그러나 바리공주는 오구대왕이 내린 상을 마다했어요.

"아바마마, 저는 저승에서 불쌍한 영혼들을 많이 만났습니다. 앞으로 죽은 사람을 저승으로 편히 보내 주는 무당이 되고 싶습니다."

그리하여 바리공주는 무당의 조상신이 되었답니다.

우리 조상들은 병이 생기면 무당을 찾아갔고, 미래가 궁금할 때도 무당을 찾아가 점을 쳤어요. 무당이 써 준 부적으로 나쁜 귀신을 쫓기도 했지요. 정월 대보름에 드리는 마을 제사도 무당이 중심이 되어 치렀고요. 백성들뿐만 아니라 임금도 나라에 큰일이 생기거나 가뭄이 들거나 홍수가 났을 때 무당을 불러 묻거나 기우제 등을 지냈어요. 우리 조상들에게 있어 무당은 하늘과 사람을 잇는 존재였지요.

5장 세계의 세시 풍속

폭죽으로 악귀를 쫓는 중국 설날 **춘절**
러시아 봄맞이 축제 **마슬레니차**
물감 던지며 새해를 맞는 인도의 **홀리 축제**

물 뿌리며 복을 비는 태국의 **송크란**
오렌지 던지며 즐기는 벨기에의 **뱅슈 카니발**
색칠한 달걀을 나누는 **부활절**

페루 원주민의 **태양제**

이슬람교의 금식 기간 **라마단**

미국의 추석 **추수 감사절**

무서운 귀신 변장을 하는 **핼러윈**

납팔죽을 끓여 먹는 **납팔절**

산타 할아버지가 오는 날 **크리스마스**

폭죽으로 악귀를 쫓는 중국 설날
춘절

옛날 중국에 날카로운 뿔을 가진 무시무시한 괴물, 녠이 살았어요. 녠은 바닷속에 있다가 섣달그믐 밤이 되면 땅 위로 올라와 가축과 사람들을 잡아 먹었지요. 그러니 섣달그믐은 두려운 날이었어요.

"올해는 어디에 숨어야 할까?"

사람들은 짐을 싸들고 산 위 동굴이나 바닷가에서 먼 다른 마을까지 피난을 갔어요.

그러던 어느 해 섣달그믐이었어요. 그날도 사람들은 녠을 피해 높은 산 위로 달아났어요. 그런데 할머니 한 분이 사람들을 따라가지 못하고 그만 뒤쳐지고 말았어요. 해가 지고 날은 점점 어두워졌어요. 조금 있으면 녠이 나타나 할머니를 잡아먹을 거예요.

"아이고, 깜깜한 데 앉아서 잡아먹히게 생겼구먼. 불이라도 피워야지."

할머니는 덜덜 떨리는 손으로 마당에 쌓아 둔 대나무에 불을 붙였어요. 대나무는 탁탁탁 요란한 소리를 내며 타기 시작했어요. 마침 그때 녠은 바다에서 솟구쳐 올라 마을로 들어서고 있었어요. 그런데 처음 보는 불길과 탁탁거리는 요란한 소리 때문에 깜짝 놀랐어요.

"아이고, 저게 뭐야? 나보다 힘센 괴물이 화를 내고 있네."

녠은 다시 바닷속으로 쏙 들어갔어요.

이튿날 마을로 돌아온 사람들은 할머니가 살아 있는 것을 보고 놀랐어요.

"대나무 타는 소리에 놀라 달아났다고요? 그럼 내년부터 집집마다 대나무를 태워서 더 큰 소리를 냅시다. 녠이 다시는 오지 못하게 말이에요."

그 뒤 중국에서는 섣달그믐날 밤 12시에 대나무 통에 화약을 넣어 만든 폭죽을 터트려 악귀를 쫓아내는 풍습이 생겼답니다.

중국의 설날인 춘절은 일 년 중 가장 풍요로운 명절이에요. '일 년을 가난하게 살더라도 춘절만큼은 가난하게 보내지 않는다.' 라는 중국 속담이 있을 정도랍니다. 중국 사람들은 전날 밤에 가족이 모두 모여 풍성한 저녁 식사를 하고, 밤 12시가 되면 폭죽을 터트리며 춘절을 축하하지요. 폭죽놀이는 중국 사람들이 가장 좋아하는 춘절 놀이예요. 하지만 불이 날 위험 때문에 대도시에서는 법으로 금지하고 있어요.

러시아 봄맞이 축제 마슬레니차

　기나긴 러시아의 겨울이 끝나고 봄맞이 축제 마슬레니차가 시작되었어요. 아직 바람은 차가웠지만 모두들 금방이라도 봄이 올 것처럼 마음이 들떴어요. 마슬레니차의 첫날 율리아는 엄마와 함께 블린을 만들었어요.
　"엄마, 마슬레니차 동안에는 고기를 먹을 수 없으니 블린에 달걀과 치즈를 듬뿍 넣어 주세요."
　고기를 좋아하는 율리아는 조금 아쉬워하며 말했어요.

"여러 가지 블린을 많이 만들어 놓을 테니 아버지랑 산에나 다녀오렴."

아버지와 율리아는 허수아비와 썰매를 메고 산을 올라갔어요. 허수아비는 어젯밤 아버지가 짚으로 미리 만들어 놓은 것이었어요. 산꼭대기에 이르자 썰매에 허수아비를 단단히 묶었어요.

"자, 이제 내려보낸다."

아버지는 아직 눈이 두껍게 쌓인 산길로 썰매를 밀어 보냈어요.

"와! 이제 정말 마슬레니차의 시작이네요."

율리아와 아버지는 집으로 돌아와 블린을 맛있게 먹었어요. 마슬레니차 일주일 동안 사람들은 블린만 먹는다고 할 정도로 많이 먹어요. 외국인인 율리아의 형부는 블린을 좋아하지 않아요. 그래도 마슬레니차 셋째 날이면 꼼짝없이 블린을 먹어야 한답니다. 장모가 사위에게 블린을 대접하는 날이거든요.

"허허, 맛은 있는데 배가 불러서……."

형부가 억지로 웃으며 먹는 모습을 보고 가족들은 큰 소리로 웃었어요.

일주일을 흥겹게 보내고 마지막 날이 되었어요. 율리아의 식구들은 첫날 썰매에 태워 보냈던 허수아비를 불에 태우고 그 재를 들판에 뿌렸어요.

"나쁜 운은 모두 날아가고, 이 땅에 풍년이 들게 해 주소서."

2월 말에서 3월 초에 열리는 러시아의 마슬레니차는 춥고 긴 겨울과 작별하고 봄을 맞이하는 축제예요. 일주일 동안 계속되는데, 첫날에는 짚으로 허수아비를 만들고 마지막 날에는 그 허수아비를 불에 태우지요. 허수아비가 집안과 동네의 액운을 모두 가져간다고 믿기 때문이에요. 마슬레니차 대표 음식인 블린은 밀가루 반죽을 얇고 둥글게 빚어 만든 빵이에요. 설탕, 버터, 우유, 달걀, 치즈 등 여러 가지를 넣어 다양하게 만들어 먹지요.

물감 던지며 새해를 맞는 인도의
홀리 축제

옛날 인도에 히라냐카시프라는 왕이 살았어요. 그는 신의 축복을 받아 사람이나 짐승의 공격에도 밤이나 낮에도 하늘에서도 땅에서도 죽지 않고, 무기나 경전의 힘으로도 죽지 않는 특별한 힘을 갖게 되었어요. 그러자 날이 갈수록 거만해져 마치 자신이 신인 것처럼 굴었어요.

히라냐카시프에게는 홀리카라는 딸과 팔라흐라드라는 아들이 있었어요. 홀리카는 아버지와 마찬가지로 못됐지만 팔라흐라드는 창조의 신 비슈누를 믿는 착한 사람이었어요.

"나를 믿지 않고 비슈누 신 따위를 믿는다고?"

히라냐카시프는 팔라흐라드가 미워서 죽이려고 독약을 먹이고, 독사가 우글거리는 방에 가두었어요. 그러나 비슈누 신의 보호를 받는 팔라흐라드는 털끝 하나 다치지 않았지요.

"홀리카야, 저 녀석을 불에 태워 죽여라."

약이 오른 왕은 딸 홀리카에게 명령했어요. 홀리카는 불 속에서도 죽지 않는 힘이 있었어요. 홀리카가 손에 불을 피우자 왕은 아들을 불 속에 던졌어요. 그 모습을 지켜보던 비슈누 신은 화가 머리끝까지 났어요.

"저런 못된 것들을 더는 두고 볼 수 없다."

비슈누 신은 팔라흐라드를 구하고 홀리카를 불에 타 죽게 했어요. 그러고는 해가 질 무렵 히라냐카시프를 붙잡아 손바닥 위에 앉히고 말했어요.

"나는 사람도 짐승도 아니다. 지금은 밤도 낮도, 여기는 하늘도 땅도 아니다. 내 손톱은 무기도 경전도 아니다. 그러니 나는 너를 죽일 수 있다."

비슈누 신은 나쁜 짓만 일삼은 히라냐카시프의 목숨을 거두었어요.

홀리 축제의 첫째 날은 인도 달력으로 12월 마지막 날인데 보름달이 뜨면 사람들은 마당이나 골목에 쌓아 둔 나뭇단을 태워요. 악마 홀리카를 태운다는 뜻으로 짚으로 만든 인형도 함께 태우지요. 축제의 둘째 날인 새해 첫날에는 여러 물감, 물, 밀가루 등을 마구 뿌려 대는 신 나는 놀이를 하는데, 특히 결혼과 동시에 자유를 빼앗기는 인도 여자들도 이날 만은 마음껏 노래하고 웃고 즐길 수 있어요. 홀리 축제는 인도 이외에도 네팔, 스리랑카 등 힌두교를 믿는 나라들에서 즐기고 있어요.

물 뿌리며 복을 비는 태국의 송크란

　태국 치앙마이에서 멀지 않은 곳에 있는 촘폰 마을에 예쁜 처녀가 살았어요. 그런데 같은 마을에 사는 총각 둘이 동시에 처녀를 무척 사랑했어요.
"그녀 없으면 난 죽을지도 몰라."
"그녀와 결혼하지 못하면 난 살 수가 없어."
처녀를 사랑하는 마음이 두 총각 모두 똑같이 컸어요.
"그녀에게 신랑감을 고르게 하자. 남은 사람은 깨끗이 포기하기!"

두 총각은 처녀에게 달려갔어요.

"우리 중 누구와 결혼을 하고 싶은가요?"

"음, 난 좀 더 생각해 봐야겠어요."

처녀는 고개를 살래살래 저었어요. 총각들은 처녀가 결정할 때까지 애를 태우며 기다렸어요.

그러던 어느 날, 왕이 촘폰 마을을 지나가다가 예쁜 처녀를 보고 한눈에 반하고 말았어요. 왕이 청혼을 하자 처녀도 받아들였지요.

처녀가 왕과 결혼하기로 했다는 말을 들은 두 총각은 크게 실망했어요. 한 총각은 너무 화가 난 나머지 왕을 죽이기로 결심하고, 다른 총각에게 자기 계획을 털어놨어요. 그러나 이야기를 들은 총각은 왕에게 달려가 이 사실을 알렸지요. 왕은 군사들을 보내 자신을 죽이려던 총각을 잡아들였어요.

"고맙소. 보답으로 당신이 사랑하는 처녀와 결혼시켜 주겠소."

왕은 큰 잔치를 열고 목숨을 구해 준 총각과 처녀를 결혼시켰어요. 이 잔치가 송크란 축제의 시작이랍니다.

태국의 새해는 우리 달력으로 4월 15일에 시작돼요. 그러니까 4월에 열리는 송크란은 원래 태국의 새해맞이 축제였어요. 송크란 축제는 물 축제라서 축제가 시작되면 모든 사람들이 아무에게나 물을 뿌린답니다. 물을 뿌리는 것은 상대방에게 복을 주는 것이고, 물을 많이 맞으면 복을 많이 받는 거라고 생각하거든요. 태국의 4월은 건기에서 우기로 넘어가는 때로, 일 년 중 가장 더워요. 사람들은 물을 뿌리며 더위를 식히고 풍년을 바란답니다.

오렌지 던지면 즐기는 벨기에의
뱅슈 카니발

　해마다 1월이면, 벨기에의 작은 도시 뱅슈가 들썩거려요. 2월에 열릴 카니발 준비로 온 도시가 들뜨기 때문이에요. 특히 뱅슈 카니발의 왕이라 할 수 있는 '질'이 되고 싶은 사람들은 더욱 바빠지지요. 페요도 '질'이 되기 위해 춤 연습을 하느라 하루가 짧았어요.
　"페요, 이번에는 자신 있지?"
　여자 친구가 물었어요.

"그럼. 난 벨기에 출신이고, 여기 뱅슈에서 자란 멋진 남자잖아."
"맞아. 게다가 어릴 적부터 한 번도 빼먹지 않고 뱅슈 카니발에 참가했지."
여자 친구는 페요에게 용기를 북돋워 주었어요.

기쁘게도 페요가 '질'로 뽑혔어요. 페요는 다른 '질'들과 함께 오렌지색 무늬가 있는 옷을 맞추고, 항아리만 한 타조 털 모자와 커다란 나막신을 장만했어요. 함께 행진 연습을 하고 춤도 연습했지요.

드디어 뱅슈 카니발이 시작되자 사람들은 화려한 옷을 입고 가면을 쓰고, 거리로 쏟아져 나와 춤을 추었어요. 축제의 마지막 날 아침, 드디어 '질'이 등장했어요. '질'들은 녹색 안경을 쓰고 구레나룻을 달고, 밀랍으로 만든 도깨비 가면을 쓰고 춤을 추었어요. 오후가 되자 이번에는 엄청나게 큰 타조 털 모자를 쓰고 사람들에게 오렌지를 던져 댔지요.

"와! 페요! 너무 멋져!"

페요는 여자 친구에게 오렌지를 던지고 싶었어요. 카니발 때 오렌지를 맞으면 운이 좋아지니까요. 페요는 유럽에서 가장 아름다운 뱅슈 카니발의 왕답게 축제를 더욱 멋지게 이끌었답니다.

카니발은 천주교를 믿는 몇몇 국가에서 열리는 큰 축제예요. 부활절이 시작되기 40일 전부터 고기를 먹지 않고 파티나 축제 또한 즐기지 않는 기간인 사순절이 있는데, 카니발은 이 사순절이 시작되기 전에 미리 마음껏 먹고 노는 축제랍니다. 세계의 유명한 카니발로는 벨기에의 뱅슈 카니발, 이탈리아의 베네치아 카니발, 프랑스의 니스 카니발, 브라질의 리우 카니발 등이 있어요. 카니발은 우리말로 '사육제'라고 부르기도 하지요.

색칠한 달걀을 나누는 부활절

옛날에 가훈을 '하나님의 보호를 받으라'라고 정할 정도로 신앙이 깊은 부자가 있었어요. 그런데 어느 날 유럽의 기독교도들이 성지인 예루살렘과 팔레스타인을 찾기 위해 십자군 전쟁을 일으켰어요.

"기독교 성지를 찾는 일에 내가 빠질 순 없지!"

부자는 십자군 전쟁터로 떠났어요. 하지만 몇 년이 지나도 전쟁터에서 돌아오지 못했지요. 그 사이 부인인 로자린드는 나쁜 사람들에게 집과 재산을 빼앗겨 빈털터리가 되고 말았어요. 로자린드는 산기슭에서 살면서 날마다 길에 나가 남편을 기다렸어요. 그러다 보니 마을 아이들과도 친해졌지요. 부활절이 다가오자 부인은 아이들에게 선물을 주고 싶었어요.

"무엇을 선물할까? 난 가진 것이 없어서 귀한 건 해 줄 수가 없는데."

고민하던 로자린드는 달걀을 선물하기로 했어요. 달걀에 여러 가지 색깔을 칠하고, 가훈인 '하나님의 보호를 받으라'라고 써 넣었지요.

아이들은 로자린드의 달걀을 무척 좋아했어요. 한 아이는 달걀이 너무 예뻐 먹지 않고 집에 가져갈 참이었어요. 그런데 집에 가는 길에 쓰러진 십자군 병사를 만났어요. 병사는 오랫동안 아무것도 먹지 못한 것 같았어요.

"아저씨, 이걸 먹고 힘내세요! 오늘 받은 부활절 선물이에요."

아이는 달걀을 내밀었어요. 달걀을 받아 든 병사는 깜짝 놀랐어요. 달걀에 자기 집 가훈이 쓰여 있었으니까요.

"애야, 이 달걀 어디서 났니?"

"저 산기슭에 사는 로자린드 아줌마가 줬어요."

병사는 벌떡 일어나 로자린드를 찾아 달려갔어요. 달걀 덕분에 두 사람은 다시 만나서 행복하게 살았답니다.

부활절은 기독교에서 예수님이 죽은 지 3일 만에 다시 살아난 것을 축하하는 날이에요. 보통 3월 말에서 4월 말 사이의 일요일인데, 부활의 상징이 담긴 부활절 달걀을 나누어 먹지요. 색칠한 달걀을 나누는 풍습은 17세기 수도원에서 시작되었다고 해요. 처음에는 예수님이 십자가에서 흘린 피를 나타내는 빨간색 달걀을 주고받았는데, 시간이 지나면서 알록달록 예쁘게 칠한 달걀로 변했답니다.

페루 원주민의 태양제

　아주 먼 옛날, 세상이 깜깜한 어둠에 잠겨 있을 때 창조의 신 비라코차가 나타났어요. 비라코차는 콜라수유라는 호수에 머물며 세상을 비출 해와 달과 별을 만들었어요.

　"밝은 세상에서 살아갈 인간들을 만들어야지!"

　비라코차는 커다란 바위들을 남자와 여자로 변신시켰어요.

　"넓은 세상으로 떠나 살라."

비라코차는 자신이 만든 사람들을 세상 곳곳으로 멀리 떠나보냈어요. 하지만 태양신의 아들 망고카팍과 딸 마마오쿠요는 남겨 두었지요.

"태양신의 아들딸아, 너희들은 태양의 제국을 세워야 한다."

비라코차는 그들에게 금지팡이를 주어 티티카카 호수로 내려보냈어요.

"이 금지팡이 박히는 곳에 태양의 제국을 세워라."

망고카팍과 마마오쿠요는 금지팡이를 들고 티티카카 호수 주변을 돌아다녔어요. 하지만 여러 날을 돌아다녀도 금지팡이는 박히지 않았어요.

남매는 끝도 없이 걸었어요. 너무 지쳐서 더는 한 걸음조차 뗄 수 없을 것 같던 어느 날, 금지팡이가 땅에 쿡 박히더니 뽑히지 않았어요. 그곳은 바로 지구의 배꼽이자 세상의 중심인 쿠스코였어요.

남매는 그곳에 나라를 세우고, 태양의 제국이라고 불렀어요. 태양의 제국을 다스리는 왕은 태양신의 아들이라 하여 '잉카'라고 불렀어요.

페루에 사는 잉카의 후손들은 지금도 자신들을 태양신의 후손이라 믿으며 해마다 태양신을 찬양하는 태양제를 지낸답니다.

해마다 6월 24일이 되면 잉카 제국의 수도 쿠스코 근처 삭사이우아만에서 태양제가 열려요. 태양제는 잉카 제국 때부터 지금까지 페루 원주민들에게 전해지고 있는 최고의 축제랍니다. 태양제가 열리기 전날 밤엔 불을 모두 끄고 쿠스코 광장에 모여 태양이 뜨기를 기다리다가 새벽에 마침내 태양이 떠오르면 기뻐하며 노래를 부르지요. 야마라는 동물을 제물로 태양신 신전에서 제사를 지내고, 9일 동안이나 술과 춤, 노래가 어우러진 축제를 벌이지요.

이슬람교의 금식 기간 라마단

    옛날 메카(지금의 사우디아라비아 땅)라는 곳에 무함마드라는 아기가 태어났어요. 무함마드의 아버지는 무함마드가 태어나기도 전에 세상을 떠났고, 여섯 살이 되었을 때는 어머니마저 세상을 떠났어요. 무함마드는 삼촌 밑에서 어렵게 어린 시절을 보냈어요. 하지만 훌륭한 청년으로 자라 대상을 이끌고 사막을 건너 장사를 하는 상인이 되었지요.

    무함마드는 40세가 되었을 때 메카의 히라 산에 들어가 명상과 기도를 하며 지냈어요. 그러던 어느 밤, 동굴에서 기도를 하던 무함마드 앞에 엄숙한 목소리가 들렸어요.

"읽으라."

무함마드는 몸을 떨며 "저는 읽을 줄 모릅니다."라고 말했어요.

"읽으라."

어둠을 뚫고 들리는 엄숙한 목소리는 땅을 짓눌렀어요. 강한 힘은 무함마드의 몸을 꼼짝 못하게 붙들었어요. 무함마드는 두려워서 달아나고 싶은 마음을 꾹 참고 물었어요.

"무엇을 읽으란 말씀이십니까?"

그 순간 무함마드의 몸은 강한 힘에서 풀려나는 것 같았어요. 멀리 새벽이 밝아 오고 있었지요.

'신의 계시가 내려졌구나!'

그 뒤 무함마드는 이슬람교를 만들어 알라신의 계시를 전하는 사람이 되었어요. 이슬람교의 최대 축제이자 종교 의식인 라마단은 무함마드가 신의 계시를 받은 9월에 시작한답니다.

라마단은 이슬람교도들이 금식을 하는 종교 의식이에요. 이슬람 달력으로 9월에 시작하여 약 한 달 동안 계속되지요. 해가 뜰 때부터 질 때까지는 먹지도, 마시지도 않고 즐거운 놀이도 하지 않아요. 공공장소에서 음식을 팔거나 먹는 일도 금지하지만, 해가 지면 음식을 해서 함께 나누어 먹어요. 저녁마다 모여 음식을 먹고 기도를 하며 지내기 때문에, 라마단은 금식 기간이지만 이슬람교도들의 축제이기도 하지요. 특히 라마단이 끝난 다음 날은 축제를 벌이고, 그동안 아낀 음식과 물자들을 가난한 사람들에게 나누어 준답니다.

미국의 추석
추수 감사절

영국 사람들이 신대륙 아메리카로 건너온 첫해였어요. 이주민들은 넓은 땅에 농사를 지으며 살러 왔지만 무엇을 심어야 할지, 어떻게 가꾸어야 할지 몰랐어요. 가지고 온 식량이 바닥나자 먹을 것을 구할 수도 없었지요. 사람들은 절망에 빠졌어요.

"여기까지 와서 굶어 죽을 수는 없어!"

몇몇 사람들이 원래부터 아메리카에 살고 있던 원주민들을 찾아갔어요.

"이 땅에 무엇을 심어야 할지 모르겠어요. 알려 주십시오."

"이 땅엔 옥수수가 잘 자라요. 이 씨앗을 심어 봐요. 내일은 사냥하는 법을 가르쳐 줄게요. 새라도 잡아 고기를 먹으면 기운이 좀 날 거예요."

아메리카 원주민들은 친절하게도 농사짓는 법과 사냥하는 법을 가르쳐 주었어요. 당장 먹을 것이 없는 이주민들에게 먹을 것도 나누어 주었고요.

드디어 가을이 되었어요. 이주민들의 밭에 옥수수가 영글었어요. 이주민들은 무척 감사하게 생각했어요. 그래서 수확한 농산물로 만든 옥수수빵, 호박 파이, 감자 등을 차려 놓고 추수를 감사하는 작은 축제를 벌였어요.

"신께 감사드립니다. 앞으로도 우리를 돌보아 줄 것을 믿습니다."

이주민들은 먼저 신에게 감사 기도를 드렸어요.

"칠면조 고기 좀 드세요. 어제 새 사냥을 나갔다 잡은 거예요. 그동안 여러 가지 도움을 주어서 고마워요."

이주민들은 아메리카 원주민들에게도 감사 인사를 전했답니다. 이날이 우리나라의 추석과 비슷한 미국의 추수 감사절이에요.

미국의 추수 감사절은 11월 넷째 목요일이에요. 해마다 추수 감사절이 되면 온 가족이 모여 맛있는 음식을 먹으며 함께 보내요. 지금도 옥수수빵, 호박 파이, 칠면조 고기 등을 먹어요. 추수 감사절에 칠면조 고기를 먹는 풍습은 우연히 생겨났어요. 첫 추수 감사절 새벽에 새 사냥을 나갔던 사람이 칠면조를 잡아 상에 올렸는데, 이때부터 추수 감사절에는 칠면조 고기를 먹게 되었다고 해요.

무서운 귀신 변장을 하는 핼러윈

아주 먼 옛날, 아일랜드에 살던 켈트 족은 해마다 10월 31일만 되면 무서워 벌벌 떨었어요. 켈트 족에게 10월 31일은 일 년의 마지막 날로, 밤이 되면 죽은 영혼들이 여기저기 떠돌아다니다가 자신이 들어갈 만한 사람을 찾으면 그 사람의 몸에 들어가 1년 동안 산다고 믿었어요.

"벌써 10월 말일이구먼. 혹시 내 몸에 들어오면 어쩌지?"

"아이고! 생각만 해도 무서워라."

켈트 족 사람들은 새해 축하 준비는커녕 겁에 질려 어쩔 줄 몰랐어요.

"어떻게 하면 죽은 영혼이 나한테 못 오게 할까?"

사람들은 고민에 빠졌어요. 그러다 한 사람이 좋은 생각을 해냈지요.

"그래! 죽은 영혼은 살아 있는 사람 속으로 들어오려고 하잖아. 그러니까 우리는 죽은 척하는 거야. 그럼 우리 몸에 들어오지 않을 거야."

그해 10월의 마지막 날이 되자 사람들은 귀신처럼 분장을 했어요. 집에 있는 사람들은 죽은 영혼들이 자기 집에 들어오지 못하게 하려고 일부러 집을 춥게 해서 체온을 떨어뜨렸어요. 밖에 나간 사람들은 죽은 영혼을 쫓으려고 시끄럽게 떠들며 돌아다녔지요.

귀신으로 변장한 사람들이 무사히 한 해를 보내고 난 다음 날인 11월 1일, 켈트 족의 새해가 되자 사람들은 성대한 새해 축제를 벌였답니다.

아일랜드에서 시작된 풍습이 신대륙 미국으로 이주해 온 사람들 사이에서 이어져 핼러윈 축제가 되었어요. 지금도 미국과 캐나다에서는 10월 31일을 핼러윈으로 기념하여 귀신 분장을 하고 파티를 즐긴답니다. 핼러윈이 되면 사람들은 집 앞에 해골이나 거미줄 등 으스스한 장식을 걸어 두고, 호박 속을 파내고 안에 불을 넣은 호박등을 밝혀 놓아요.

요즘에는 핼러윈이 아이들에게 신 나는 명절이 되었어요. 아이들은 마녀, 드라큘라, 유령 등 무서운 모습으로 분장을 하고 집집마다 돌아다니며 "사탕을 주지 않으면 장난을 치겠다!"고 하며 사탕을 얻으러 다닌답니다.

납팔죽을 끓여 먹는 납팔절

석가모니는 인도 북부에 있던 한 나라의 왕자였어요. 그런데 왕은 아들이 행복하기만을 바란 나머지 석가모니에게 궁궐 밖에 사는 늙고, 병들고, 가난하고, 고통에 빠져 있는 사람을 한 번도 보여 주지 않았어요.

그러던 어느 날 석가모니는 우연히 궁궐 밖에 나갔다가 불행에 빠진 사람들을 보게 되었어요.

"세상에! 저렇게 불행한 사람들이 있다니! 모든 사람이 고통에서 완전히 벗어날 수 있는 방법은 없는 걸까?"

고민하던 석가모니는 진리를 찾으러 무작정 궁궐을 떠났어요. 석가모니는 6년 동안 인도 곳곳을 떠돌아다니며 사람들이 고통에서 벗어날 방법을 찾아 헤맸어요. 하지만 답을 얻지 못한 채 몸과 마음이 지쳐 가기만 했지요.

며칠 동안 굶주리며 떠돌아다니던 석가모니는 어느 날 인도 북부의 나이란자나 강변에서 그만 쓰러지고 말았어요.

"여보세요. 정신 좀 차리세요."

마침 근처를 지나가던 처녀가 석가모니에게 달려왔어요.

"오랫동안 굶은 모양이네. 이걸 어째!"

처녀는 석가모니를 부축해 앉힌 뒤 가지고 있던 죽을 한 모금 먹였어요. 죽을 먹고 정신이 맑아진 석가모니는 나이란자나 강에서 목욕을 하고 보리수나무 아래 앉아 명상에 잠겼어요.

그의 나이 35세가 되던 해의 12월 8일 저녁, 석가모니는 맑은 별들이 떠오를 때 문득 깨달음을 얻었어요. 그 뒤 사람들은 석가모니가 깨달음을 얻은 12월 8일을 납팔절로 기념하였고, 절의 승려들은 처녀가 죽을 바쳤던 것을 본받아 납팔죽을 끓여 사람들에게 나누어 주었어요.

음력 12월 8일, 납팔절은 인도의 석가모니가 깨달음을 얻은 것을 기념하는 명절이에요. 하지만 인도가 아니라 중국의 명절이랍니다. 중국 사람들도 오래 전부터 불교를 믿어 왔기 때문이지요. 납팔죽을 먹는 풍습은 처음에는 불교를 믿는 사람들에게만 유행했어요. 하지만 지금은 중국의 절과 각 가정에서 찹쌀, 팥, 대추, 대두, 율무, 호두 등을 넣어서 납팔죽을 끓여 먹어요. 납팔죽의 재료는 지역마다 가정마다 조금씩 달라요.

산타 할아버지가 오는 날
크리스마스

　리키아(지금의 터키 땅)의 대주교 니콜라오는 늘 가난한 사람을 도왔어요. 어느 날 니콜라오 주교는 파타라에 사는 가난한 아버지와 세 딸 이야기를 들었어요. 훌륭한 청년들이 딸들에게 청혼을 했지만, 가난해서 딸들을 결혼시킬 수 없다는 것이었어요.
　니콜라오 주교는 한밤중에 그 집을 찾아가 몰래 창문을 열고 집 안에 돈주머니를 던져 넣었어요. 다음 날 아침, 가난한 아버지는 돈주머니를 발견

하고 깜짝 놀랐어요. 그는 그 돈으로 첫째 딸을 결혼시켰어요.

얼마 뒤 니콜라오 주교는 그 집에 다시 찾아갔어요. 이번에도 한밤중에 몰래 찾아가 돈주머니를 창문 안으로 던졌지요. 덕분에 둘째 딸도 무사히 결혼할 수 있었어요.

"우리를 계속 도와주는 사람이 누굴까?"

가난한 아버지는 자신을 도와준 사람에게 직접 감사 인사를 전하고 싶었어요. 그래서 밤마다 귀를 쫑긋 세우고 기다렸지요. 얼마 뒤 니콜라오 주교는 또 그 집을 찾아갔어요. 이번에도 몰래 창문을 열고 돈주머니를 던졌어요. 그런데 누군가 벌떡 일어나 밖으로 나왔어요.

"오! 니콜라오 주교님이셨군요. 감사합니다! 덕분에 우리 딸들이 결혼을 해 행복하게 살고 있답니다."

아버지는 너무나 고마워서 주교의 발에 입을 맞추려 했어요.

"아닙니다. 제게 허리 숙이지 마세요. 저는 해야 할 일을 한 것뿐입니다. 제가 한 일을 아무에게도 말하지 말아 주세요."

그래서 니콜라오 주교가 죽을 때까지 이 일은 비밀에 부쳐졌답니다. 하지만 니콜라오 주교가 죽자 그의 선행은 널리 알려졌고, 천주교에서는 그를 성인으로 높이 받들어 모시고 있답니다.

크리스마스는 예수님이 태어난 날을 기념하는 기독교 최고의 명절이에요. 크리스마스는 특히 어린이들에게 더욱 즐거운 날이에요. 산타 할아버지가 선물을 주시는 날이니까요. 그런데 크리스마스에 산타 할아버지가 선물을 주는 풍습은 크리스마스가 생기고 한참 후에야 시작되었어요. 니콜라오 주교가 바로 첫 번째 산타였던 것이지요. 지금은 전 세계의 수많은 어린이들이 크리스마스가 되면 산타 할아버지를 기다려요.

6장 세계의 의식주 생활 풍속

제갈공명이 만든 음식 **만두**
인간을 만든 재료가 된 **옥수수**
음식을 손으로 먹는 풍습
베트남의 결혼식 예물 **쩌우**

인도 사람들이 숭배하는 **소**
중국 전통 의상 **치파오**
베트남의 아름다운 옷 **아오자이**

머리와 얼굴을 가리는 이슬람 옷 **히잡**
여러모로 쓰임새가 많은 옷 **판초**
눈으로 만든 집 **이글루**
초원의 천막집 **게르**

물 위에 지은 집 **수상 가옥**
티베트의 특별한 장례식 **천장**

제갈공명이 만든 음식
만두

 중국의 제갈공명이 남쪽 오랑캐 남만과 전쟁을 끝내고 촉나라로 돌아오는 길이었어요. 배가 여수라는 강에 이르렀을 때 갑자기 비바람이 몰아치고 물결이 출렁였어요. 배는 금방이라도 뒤집힐 것 같았지요.
 "강물의 신이 노하셨어요. 제물을 바쳐야 합니다."
 몇몇 군사들이 벌벌 떨며 말했어요. 제갈공명이 물었어요.
 "무엇을 제물로 바쳐야 하느냐?"

"남만 사람들이 말하기를, 사람 머리 49두와 검은 소, 흰 양을 바쳐야 한다고 했습니다. 그러지 않으면 배가 뒤집어진다고 합니다."

"그 말이 맞다 해도 사람들을 또 희생시킬 순 없다. 방금 전쟁을 치르고 겨우 살아남은 사람들이 아니냐!"

제갈공명은 사람 대신 바칠 제물을 궁리했어요. 그리고 곧 좋은 생각이 떠올랐지요.

"밀가루 반죽을 하고, 소와 양을 잡아 고기를 다지도록 하라."

병사들이 밀가루 반죽과 고기를 준비하자 제갈공명은 반죽을 얇게 편 뒤 다진 고기를 넣어 사람 머리 모양으로 만들게 했어요.

"제물을 강의 신에게 바쳐라."

제갈공명은 고기를 넣어 둥글게 빚은 밀가루 반죽 49개를 바다에 던져 강의 신을 위로했어요. 그러자 강물이 잔잔해졌고, 배는 무사히 촉나라로 돌아갈 수 있었어요. 중국 사람들은 이 음식을 남만의 머리라는 뜻으로 '만두'라고 불렀답니다.

만두는 중국 한나라 사람 장중경이 만들었다고도 하고, 《삼국지》라는 책에는 제갈공명이 만든 것으로 전해지기도 해요. 중국에서는 한나라 때부터 밀가루 음식을 많이 먹었어요. 그 전에도 밀로 만든 음식을 먹긴 했지만, 맷돌로 밀을 갈았기 때문에 밀가루를 만들어 내기가 쉽지 않았어요. 그런데 서역에서 물레방아가 들어오자 한꺼번에 밀가루를 많이 만들 수 있게 되었고, 밀가루로 만든 음식의 종류가 많아졌답니다. 만두도 이때부터 널리 만들어 먹기 시작했어요.

인간을 만든 재료가 된 옥수수

　마야의 신들이 세상을 처음 만들 때였어요. 세상을 만들고 나자 신들은 자신들을 섬길 무언가를 만들고 싶었어요. 먼저 동물을 만들었어요. 그런데 동물들은 신들을 알아볼 줄 모르고, 말도 할 줄 몰라 시끄럽게 소리만 질러 댔지요.

　이번엔 진흙으로 머리, 팔, 다리를 세심하게 빚어 인간을 만들어 보았어요. 진흙으로 만든 인간은 보기도 좋고, 말도 할 줄 알았어요. 하지만 신들의 말뜻을 알지 못했어요. 게다가 비가 오자 허물어지고 말았지요.

"나무로 인간을 만들어 보자."

나무로 만든 인간은 말도 할 줄 알고, 말뜻도 이해하고, 자식을 낳을 줄도 알았어요. 하지만 영혼이 없어 신들을 섬기지 않았어요. 신들은 쓸모없는 나무 인간들을 없애 버리려고 홍수를 일으켰어요. 하지만 몇몇 나무 인간이 살아남아 숲으로 달아났지요. 이들은 원숭이로 변해 지금까지 살고 있어요.

"옥수수로 인간을 만들어 봅시다."

늙고 현명한 여신이 옥수수 알갱이를 가져와 말했어요. 신들은 옥수수를 아홉 번 갈아 만든 옥수수 가루를 물로 반죽하여 인간 넷을 만들었어요. 드디어 만들어진 옥수수 인간들은 말을 할 줄 알고, 자식도 낳고, 신을 섬길 줄도 알고, 신을 위해 희생할 줄도 알았어요.

"이제야 제대로 된 인간들이 탄생했구나!"

마야의 신들은 무척 기뻐하였답니다.

아메리카 원주민들은 약 5000년 전부터 옥수수를 주식으로 먹었어요. 약 2000년 전 중앙아메리카 마야 문명의 인간 탄생 신화만 봐도 그들이 옥수수를 얼마나 중요하게 생각했는지 알 수 있지요.

멕시코 중앙 고원에서 생겨난 아스텍 제국 사람들은 팝콘을 종교 의식의 도구로 사용했는데, 팝콘을 머리에 쓰거나 목에 걸어 부적으로 삼았어요. 팝콘을 튀길 때 옥수수 알이 터지면서 '뻥' 소리가 나는 것을 옥수수 알에 갇혔던 작은 악마가 뛰쳐나오는 것이라고 믿었답니다.

음식을 손으로 먹는 풍습

　소미는 영국에서 유학을 하다가 멋진 인도 남자를 만났어요. 둘은 영국에서 결혼식을 올리고 인도에 있는 남편 집에 인사를 갔어요. 남편 가족과 친척들은 소미를 무척 반기며 식사를 차려 주었지요. 그런데 식탁에는 그릇 대신 커다란 바나나 잎을 깔고 그 위에 밥과 걸쭉한 카레, 닭고기, 콩 등을 올려놓았어요. 게다가 어디를 보아도 숟가락과 포크는 없었지요.
　"어떻게 먹어야 하죠?"

소미가 묻자 남편은 자기를 따라 하라며 손으로 밥을 조물조물 뭉치더니 입에 쏙 넣었어요. 소미는 이상했지만 처음 보는 시댁 식구들 앞이라 말없이 남편을 따라 했어요. 손가락으로 밥을 열심히 뭉쳤지요.

그런데 시댁 식구들이 소미를 보며 뭐라고 하는 것 같았어요.

"음, 왼손은 안 돼. 식사는 오른손, 왼손은 화장실 갈 때만 쓰는 거예요."

"하지만 난 왼손잡이인데?"

"그래도 식사는 오른손으로 해야 해요."

"포크나 숟가락을 쓰면 더러울 걱정을 하지 않아도 될 것 같은데요?"

"우리 인도 사람들은 신이 내린 귀한 음식을 맨손으로 먹는 게 옳다고 생각해요. 남이 쓰던 식기, 남이 쓰던 숟가락을 다시 쓰는 것은 부정하다고 여기거든요. 대신 밥 먹기 전과 후에 꼭 손을 씻지요."

남편의 말을 듣고 보니 이해가 되기도 했어요. 하지만 젓가락에 익숙한 한국인 소미에게는 조금 어색한 식사 예절이었지요.

요즘 사람들은 숟가락, 젓가락, 포크 등 도구를 써서 식사하는 것이 당연하다고 여기지요. 하지만 아주 옛날에는 모든 사람들이 손으로 음식을 먹었어요. 그런데 힌두교도, 이슬람교도, 아프리카와 오세아니아 원주민들은 지금도 손으로 음식을 먹는 경우가 많아요. 신이 내린 신성한 음식을 다른 도구로 먹는 것은 옳지 않다고 믿지요. 또 왼손은 화장실에서 쓰는 손이기 때문에 부정하다고 여겨서 오른손으로만 음식을 먹어요. 그래서 인도, 네팔, 말레이시아, 중동, 아프리카 북부 등 힌두교도와 이슬람교도가 많은 나라의 식당에는 반드시 손 씻는 곳이 있답니다.

베트남의 결혼식 예물
쩌우

    옛날 베트남에 떤과 랑 형제가 살았어요. 두 형제는 쌍둥이처럼 닮은 데 다 사이가 아주 좋았어요. 부모님이 일찍 세상을 떠나자 떤과 랑은 르우라는 학자 밑에서 공부를 했는데, 르우의 딸은 형제가 마음에 들었어요.
    "아버지, 떤과 랑은 정말 훌륭한 형제예요. 형인 떤과 결혼하고 싶어요."
    딸은 떤과 결혼을 했고, 아직 결혼하지 않은 랑과 함께 셋이서 살았지요.
    어느 날 밭에 일하러 갔던 형제가 밤늦게 돌아왔어요. 랑이 먼저 집으로 들어섰는데, 떤의 아내는 랑을 떤으로 착각하여 반갑게 껴안았어요. 그런데 막 집으로 들어서던 떤이 그 모습을 보고 말았어요.

떤은 너무 화가 나서 소리를 질렀어요. 오해를 받은 랑은 부끄럽고 화가 나서 강에 빠져 죽고 말았어요. 죽은 랑은 강가의 바위로 변했지요.

"랑을 의심하다니, 내가 나빴어!"

며칠 뒤 떤은 동생을 찾아 나섰다가 강가에서 바위로 변한 동생을 발견하고, 슬픔을 이기지 못해 그 자리에서 죽고 말았어요. 떤이 죽은 자리에서는 까우 나무가 자랐어요. 남편을 찾아다니던 아내도 강가에 갔다가 나무에 기대어 죽고 말았어요. 그리고 그 자리에서는 덩굴나무 쩌우가 자라났어요.

세월이 흘러 그 앞을 지나던 흥왕은 쩌우 덩굴이 바위와 까우를 타고 자란 것을 보았어요. 왕이 신기하게 생각하자 사람들은 나무에 얽힌 이야기를 들려주었지요. 흥왕은 까우 열매를 맛보았지만 특별한 맛이 나지 않았어요. 하지만 쩌우 잎과 같이 먹으니 매콤달콤하면서 기분이 좋아졌어요.

"둘의 사랑이 깊어 나무 열매마저 함께 씹어야 맛이 나는구나."

왕은 결혼식을 올릴 때 쩌우 잎과 까우 열매를, 바위를 태워 만든 석회와 함께 씹도록 하였답니다.

옛날 베트남에서는 사람들이 모여 이야기를 할 때도 쩌우 잎을 씹었어요. 함께 쩌우를 씹는 것은 상대를 존중한다는 뜻이거든요. 쩌우 잎에 까우 열매, 석회 가루, 약간 쓴 맛이 나는 나무뿌리 껍질을 싸서 씹으면 약간의 향기와 매콤한 맛, 달콤한 맛이 나면서 입 냄새가 없어지고, 얼굴과 입술이 붉어지지요. 쩌우 잎을 씹으면 이가 까매지는데 옛날 베트남에서는 까만 이를 가진 사람이 귀하고 예쁘다고 생각했대요.

인도 사람들이 숭배하는
소

아침부터 웬 할머니가 멘디에게 다짜고짜 돌멩이를 집어던졌어요.

"감히 소를 괴롭히다니! 그러고도 잘 살 수 있을 줄 아냐, 이놈아."

할머니는 돌멩이를 다섯 개나 던지고도 분이 풀리지 않는지 고래고래 소리를 질렀지요.

멘디는 인도 뉴델리 시청에 고용된 소잡이꾼이에요. 소를 잡아 도시 바깥에 있는 떠돌이 소 수용소로 보내는 일을 하고 있지요. 그런데 인도 사람들은 소를 귀하게 여기기 때문에 소잡이꾼들은 구박을 받기 일쑤였어요.

소들은 인도의 거리 곳곳을 마음대로 지나다녔어요. 도로 한가운데 멈춰서서 길을 막기도 하고, 아무 데나 똥을 싸서 길을 더럽히기도 했지요. 뉴델리는 발전한 현대 도시인데, 소 때문에 교통이 너무 복잡해졌어요. 하는 수 없이 뉴델리 시청에서는 멘디 같은 소잡이꾼을 고용하여 소를 뉴델리 바깥으로 보내기로 했어요.

"어휴, 저 할머니 때문에 다른 소를 잡아야겠군!"

멘디는 화가 난 할머니를 피해 다른 소에게 다가갔어요. 거리를 떠돌아다니는 주인 없는 소는 얼마든지 있으니까요. 멘디는 밧줄로 만든 올가미를 소의 머리에 걸어 잡은 뒤 트럭에 태우려고 했어요. 하지만 소는 멘디보다 힘이 셌고, 말을 잘 듣지 않았어요. 멘디 역시 힌두교도이기 때문에 소를 함부로 다룰 수 없어 더욱 힘이 들었지요.

"멘디, 내가 도와줄게. 우리 같이 해 보자."

다른 소몰이꾼이 멘디를 도와 겨우 트럭에 실었어요. 두 사람은 하루 종일 소 한 마리를 수용소에 보내 놓고 한숨을 쉬었어요. 뉴델리에는 소잡이꾼이 100명도 넘게 있지만 뉴델리에 떠돌아다니는 소는 아직도 많답니다.

인도 사람들은 힌두교를 믿기 때문에 소고기는 절대 먹지 않아요. 힌두교에서는 소를 신성한 동물로 믿어 숭배하거든요. 수소는 힌두교의 중요한 신인 시바의 시종이고, 암소는 크리슈나 신과 관련이 있어요. 그래서 힌두교도들은 소고기를 먹지 않을 뿐 아니라 길에 소가 돌아다녀도 쫓지 않고, 소 떼가 차를 가로막아도 지나갈 때까지 기다린답니다.

중국 전통 의상 치파오

중국 만주족의 왕은 어느 날, 조상님이 나타나는 꿈을 꾸었어요.

"북쪽에서 황후가 나타날 것이다. 머리에는 평평한 검은 투구를 쓰고, 손에는 팔각 백옥 도장을 들고, 몸에는 열두 개의 열쇠가 달린 옷을 입은 처녀가 흙룡을 타고 나타나 황제를 도와 나라를 다스릴 것이다."

만주족의 왕은 조상님의 말에 딱 맞는 황후를 찾기 위해 전국의 처녀들을 모았어요. 하지만 꿈속에서 들은 처녀를 만나지 못했지요. 그러던 어느 날

한 신하가 우연히 '까만 여자애'를 보았어요. 어부인 아버지를 따라 고기를 잡으러 다니던 까만 여자애는 폭이 넓은 치마를 몸에 꼭 맞는 긴팔 원피스로 고쳐 입었어요. 그런데 까만 여자애의 원피스에는 단추가 열두 개나 달려 있었어요.

"앗! 열두 열쇠가 달린 옷을 입은 아가씨구나!"

신하가 더 살펴보니, 까만 여자애는 흙으로 만든 대야를 이고, 손에는 팔각형 두부를 들고, 흙담을 타고 앉아 거리를 구경하고 있었어요. 황제의 꿈에 나온 것처럼, 머리에 투구를 쓰고, 손에 팔각 백옥 도장을 들고, 흙룡을 탄 황후감이 틀림없었어요.

신하는 까만 여자애를 궁궐로 데리고 갔어요. 그 뒤 까만 여자애는 황후가 되었답니다. 그런데 까만 여자애는 궁중 생활이 즐겁지 않았어요. 땅에 질질 끌리는 넓고 긴 치마도 귀찮기만 했지요.

"화려하지만 불편한 이 옷도 고쳐 입어야겠어."

까만 여자애는 치렁치렁한 황후 옷을 예전에 입었던 긴팔 원피스로 고쳐 입었어요.

"뭣이라고? 황후의 복장을 마음대로 바꾸었다고? 이렇게 무례할 수가!"

황제는 화가 나서 황후를 내쫓았는데, 황후는 그만 죽고 말았지요.

까만 여자애의 고향 사람들은 황후가 죽었다는 소식을 듣고 3일 동안 슬피 울다가 생전에 그녀가 만들었던 긴팔 원피스를 만들어 입었답니다.

치파오는 중국의 전통 옷이에요. 처음에는 남자, 여자 모두의 옷을 이르는 말이었지만 지금은 여자들의 원피스를 가리키는 말이 되었어요. 치파오는 원래 중국 만주족의 전통 옷이었어요. 만주족이 청나라를 세우고 수도를 북경으로 옮기면서 치파오가 한족에게도 널리 유행하게 되었지요.

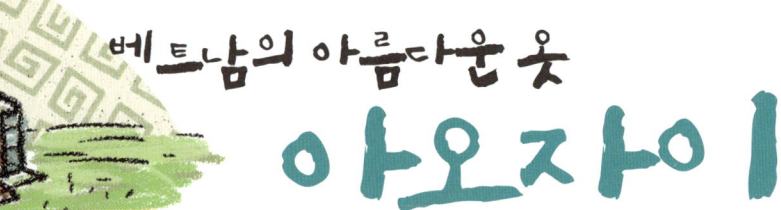

베트남의 아름다운 옷
아오자이

한 무리의 여학생들이 흰 옷자락을 휘날리며 자전거를 타고 갔어요. 깔깔거리는 웃음소리가 랑의 귓가를 떠나지 않았어요.

"나도 하얀 아오자이를 입고 싶다."

논에서 일을 하던 랑이 중얼거렸어요.

"만날 일만 하는 애가 아오자이는 어디다 쓰려고?"

엄마는 버럭 소리를 질렀어요. 랑은 삿갓모자인 '논'을 깊이 내려 썼어요.

눈물을 보이고 싶지 않아서예요. 사실 랑은 하얀 아오자이를 입고 싶은 게 아니었어요. 또래 여자아이들처럼 아오자이 교복을 입고 학교에 다니고 싶었지요. 그러나 가난한 집안 형편으로는 꿈도 꿀 수 없었어요. 쨍쨍 내리쬐는 햇볕 아래서 랑은 땀을 뻘뻘 흘리며 논일을 했어요.

동생이 밥과 소금을 내왔어요. 랑은 논가에 앉아 꾸역꾸역 밥을 먹었어요. 학교가 끝났는지 한 무리 여학생들이 또 곁을 지나갔어요. 랑은 하얀 아오자이에서 눈을 뗄 수 없었어요.

"그만 봐. 내년에는 너도 학교 보내 줄 테니."

엄마가 퉁명스럽게 내뱉었어요.

"정말? 엄마, 나도 학교 갈 수 있어?"

랑은 너무 좋아서 입을 다물 수 없었어요. 샘 많은 동생도 졸라 댔어요.

"나도 가고 싶어. 나도 학교 가고 싶어. 언니 말고 날 보내 줘."

그동안 랑은 모든 것을 동생에게 양보했기 때문에 동생은 이번에도 떼를 쓰면 언니가 양보해 줄 거라 생각했지요. 하지만 랑은 아무 말 없이 다시 논으로 들어갔어요. 그리고 새하얀 아오자이라도 입은 듯 우아하게 손을 놀리며 다시 일을 시작했답니다.

베트남의 전통 옷 아오자이는 옆이 길게 트인 윗옷으로, 밑에는 통이 넓은 바지를 입지요. 중국 청나라의 옷인 치파오의 영향을 받아 만들어졌어요. 몸에 딱 달라붙은 모양이라 활동하기에 불편해서 한때는 정부에서 금지하기도 했어요. 아오자이와 함께 베트남을 대표하는 것이 삿갓모자 '논' 이에요. 논은 챙이 넓어서 얼굴뿐 아니라 목이 햇볕에 그을리는 것을 막아 주고, 비가 오면 우산처럼 쓸 수도 있어요.

머리와 얼굴을 가리는 이슬람 옷
히잡

야스민의 꿈은 축구 선수예요. 이란에서 최고로, 아니 세계에서 최고로 발이 빠른 여자 축구 선수가 되는 게 꿈이지요. 야스민은 날마다 땀을 뻘뻘 흘리며 열심히 훈련을 했어요.

"이번 올림픽 예선에 너희 선배인 아라가 국가 대표로 나가게 되었다. 너희도 열심히 하면 얼마든지 기회가 생길 것이다. 그러니 더 노력하도록."

감독님 말에 야스민은 마치 자신이 나가는 것처럼 기뻤어요. 그날 야스민

팀의 친구들은 히잡이 땀에 푹 젖을 때까지 열심히 축구공을 찼어요. 집에 돌아가는 길에 땀에 젖은 히잡이 무겁게 느껴질 정도로요.

"너무 더워서 이걸 벗고 싶어. 하지만 그랬다간 아빠한테 혼이 날 거야."

친구 아이샤가 히잡을 톡톡 당기며 말했어요. 하지만 야스민은 달랐어요. 히잡을 단정하게 잘 쓰고 다니는 것도 신을 믿는 방법의 하나라고 믿었거든요. 부모님은 쓰고 싶지 않으면 히잡을 안 써도 된다고 말했어요. 그러나 야스민은 진실한 마음으로 종교를 믿을 때부터 히잡을 쓰기로 결심했고, 그 결심대로 열다섯 살 때부터 히잡을 쓰기 시작했어요. 물론 집 안에서는 찰랑거리는 까만 머리를 드러내 놓지만, 집에 남자 손님이 오거나 집 밖으로 외출을 할 때는 반드시 히잡으로 머리와 목을 가렸지요.

며칠 뒤 아라 선배가 출전하는 경기가 취소되었다는 소식을 들었어요. 축구 연맹에서 히잡을 벗고 경기를 하라고 했기 때문이에요. 이란 팀이 끝까지 히잡을 쓰겠다고 하자 축구 연맹에서는 경기할 기회를 빼앗고 말았지요.

"말도 안 돼. 난 이슬람교도니까 히잡도 쓸 거고, 축구를 좋아하니까 축구도 계속할 거야."

히잡은 '가리개'라는 뜻이에요. 이슬람교 여성들이 머리와 상체를 가리기 위해 쓰는 두건이지요. 이슬람 여성들이 사용하는 가리개는 여러 종류가 있어요. 최근 유럽에는 공공장소에서 눈만 빼고 얼굴과 몸을 모두 가리는 가리개는 쓰지 못하도록 하는 법이 생겼어요. 얼굴이 보이지 않아 사람을 확인할 수도 없고, 여성들에게 불평등한 옷이라고 생각하기 때문이에요. 하지만 많은 이슬람교도들은 종교의 자유를 빼앗는 것이라며 이 법에 반대하고 있답니다.

여러모로 쓰임새가 많은 옷
판초

　볼리비아에 사는 포나는 야마 털실로 옷감을 짜는 데 선수예요. 화려한 무늬는 한 올도 어긋나는 법이 없었고, 끝단도 매끈했지요. 덕분에 포나의 남편 에보는 마을에서 가장 멋진 판초를 입었어요. 하지만 에보는 마땅한 일자리를 찾지 못한 데다가, 아이들은 일곱이나 있어 무척 가난했어요.
　"포토시에 가서 뭐라도 좀 팔아 봐야겠어. 거긴 소금 사막을 보러 오는 관광객들이 많으니까."

"뭘 팔죠? 우린 가진 것이 아무것도 없는데."

"가진 게 없긴. 당신 솜씨가 있잖아."

에보는 이웃집에서 돈을 빌려 야마 털실을 많이 샀어요.

"이걸로 지갑이나 작은 가방 같은 것을 만들어 팔자."

며칠 뒤 에보는 커다란 가방에 포나가 밤을 새워 짠 옷감과 직접 만든 물건들을 챙겼어요.

"잘 팔릴까요?"

"그럼, 당신 솜씨는 최고니까."

에보는 일부러 더 자신만만하게 소리쳤어요.

"다 팔면 돌아올게. 며칠 걸릴지도 몰라."

포토시에 도착한 에보는 사람들이 많이 다니는 골목에 앉았어요. 그런데 장사가 처음이라 물건을 펼쳐 놓을 만한 천 한 장도 가져오지 않은 거예요. 아내가 옷감을 짜고, 딸이 바느질을 한 예쁜 지갑에 흙을 묻힐 수는 없었어요. 에보는 입고 있던 판초를 벗어 땅에 깔았어요. 알록달록 예쁜 판초 위에 아기자기한 물건들을 올려놓자 에보의 노점은 예쁜 가게로 변신했어요.

멕시코, 칠레 등 중남미에 사는 원주민들은 판초라는 옷을 입어요. 정사각형 모양 천의 한가운데에 구멍을 뚫어 머리를 넣어 입으면 몸을 감싸는 옷, 판초가 되지요. 안데스 산맥 지역은 높은 산 위에 있어서 낮과 밤의 기온차가 심해요. 그래서 추울 때는 얼른 끼어 입고, 더우면 간편하게 벗을 수 있는 판초가 딱 좋지요. 잠 잘 때는 덮고 자고, 결혼 예복으로 입고, 죽은 뒤에도 판초를 둘러 묻으니, 중남미 원주민들은 판초와 평생을 함께한다고도 할 수 있어요.

눈으로 만든 집 이글루

채드는 얼음 구멍을 뚫어져라 노려보고 있었어요. 바다표범 한 마리만, 딱 한 마리만 잡으면 집에 돌아갈 생각이거든요.

"아버지, 이제 집에 돌아가야 할 것 같아요."

"그래, 빨리 가는 게 좋겠다만 아무래도 오늘 가기는 어려울 것 같다."

아버지는 손가락으로 북쪽 하늘을 가리켰어요. 하얀 눈을 잔뜩 품은 눈보라가 몰려오고 있었지요. 아무리 썰매 끄는 개들을 재촉해도 눈보라보다 더

빨리 집에 도착할 수는 없을 것 같았어요.

"오늘은 이글루를 지어서 여기서 자야겠구나."

채드도 어쩔 수 없이 고개를 끄덕였어요.

채드는 눈덩이를 벽돌처럼 잘라 단단하게 다듬은 다음 둥그렇게 쌓았어요. 출입구는 한 사람이 겨우 드나들 정도로 낮고 작게 만들어 눈보라가 이글루 안으로 들어오지 못하게 했어요.

아들이 이글루를 만드는 동안 아버지는 마른 나뭇가지를 주워 왔어요.

"자, 나뭇가지를 깔고 그 위에 순록 털가죽을 덮어라."

두 시간쯤 지나자 이글루가 완성되었어요. 채드는 이글루 안에서 고래 기름을 녹여 만든 등잔불을 켰어요. 눈을 녹여 따뜻한 물을 만들려는 거예요.

두 사람은 가지고 온 순록고기와 물을 먹고 일찍 잠자리에 들었어요. 밖은 휘몰아치는 눈보라 소리로 시끄러웠지만 이글루 안은 따뜻하고 아늑했지요.

북극 지방에 사는 '이누이트' 하면 맨 먼저 떠오르는 것이 얼음집 이글루예요. 그런데 이누이트들이 언제나 이글루를 집으로 삼고 있는 것은 아니에요. 집에서 멀리 떨어진 곳으로 사냥을 나가거나, 갑자기 눈보라나 눈 폭풍을 만나면 임시로 이글루를 지어 몸을 피하는 것이지요. 이글루는 두 시간 정도면 지을 수 있거든요. 눈으로 만든 집이지만, 이글루 안은 무척 따뜻해요. 눈으로 만든 벽이 바깥의 찬 공기를 막아 주고, 안의 따뜻한 공기를 내보내지 않기 때문이지요.

몽골 초원의 천막집 게르

　결혼식 전날, 신랑 솔롱거의 집은 무척 바빴어요. 혼인 잔치에 쓸 음식을 준비하고, 신혼부부가 살 게르도 새로 지어야 했으니까요.
　"부부가 잘 살려면 좋은 방향으로 게르를 지어야지."
　솔롱거의 아버지는 자신의 게르 옆에 솔롱거의 게르 자리를 정하고, 화로 놓을 위치를 잡았어요.
　"자, 여기를 중심으로 게르를 지어라. 문은 남쪽으로 내고, 침대 머리는 북쪽으로……."

솔롱거와 형들은 아버지 말에 따라 게르의 기둥을 세우고, 하얀 천을 덮고, 안에 침대와 가구를 놓았어요. 화려한 카펫까지 깔아 놓으니 신혼집 분위기가 물씬 났지요.

"솔롱거는 좋겠네!"

둘째 형이 놀리자 솔롱거의 얼굴이 빨개졌어요.

드디어 혼인날이 되었어요. 예쁘게 차려입은 인케와 솔롱거가 새 게르로 들어왔어요. 솔롱거는 화로 뒤에, 인케는 화로 입구에 앉았어요. 아버지는 미리 화로 앞에 앉아 신랑 신부를 기다리고 있었지요.

"아버지에게 불씨를 받아 새 가정을 이루겠습니다."

아버지는 흐뭇하게 웃으며 부싯돌을 솔롱거에게 건넸어요. 솔롱거는 부싯돌로 불을 일으키고, 인케는 그 불을 받아 화로에 불을 붙이고 솥을 걸었어요. 그리고 솥에 찻잎을 끓인 뒤 우유를 넣어 수태차를 만들었어요. 신부는 식구들에게 차를 대접했고, 신부가 새 집에서 처음 끓인 차를 마시는 가족들 얼굴에 웃음꽃이 활짝 피었답니다.

몽골 땅은 끝없이 펼쳐진 초원이 대부분이에요. 초원은 농사를 짓기에 좋지 않기 때문에 몽골 사람들은 옛날부터 풀을 찾아다니며 가축을 키웠어요. 양이나 말, 소 떼를 풀어 놓고 풀을 먹이다 주변의 풀이 다 떨어지면 다른 지역으로 옮겨 가는 거예요. 그래서 이동하기 편리한 천막집 게르를 지어 살지요.

게르 중심에는 난로나 화덕을 두었는데, 몽골 사람들은 불을 소중히 여기기 때문에 집을 지을 때 맨 먼저 화덕 놓을 자리부터 정한답니다.

물 위에 지은 집
수상 가옥

미얀마의 헤잉은 인레 호수 위에 있는 집에서 나고 자랐어요. 청년이 되자 더 넓은 세상에서 꿈을 펼치고 싶어서 고향을 떠나 뭍으로 갔지요. 그리고 몇 년 뒤 헤잉은 메이라는 아가씨와 결혼해 다시 고향으로 돌아왔어요.

"여기예요? 당신 고향이?"

갓난아기를 업은 메이가 호숫가에 빼곡히 들어선 수상 가옥을 가리키며 물었어요. 헤잉은 고개를 끄덕였어요.

"여기라면 땅이 없어도 집을 가질 수 있겠네요."

헤잉은 도시에서 집도 없이 떠돌다가 고향으로 돌아온 거예요. 마침 고기잡이를 나가려던 아버지가 헤잉 가족을 반갑게 맞아 주었어요.

"우리 인따 족은 호수의 아들이라 호수를 떠나 살 수 없단다. 헤잉, 너도 이제 그걸 알겠지?"

"메이, 집을 새로 짓자꾸나. 호수는 넓으니 얼마든지 집을 지을 수 있어. 쭌묘도 조금 늘리면 우리가 먹을 채소는 충분히 나온단다. 고기도 잡고."

헤잉과 아버지는 곧바로 집을 짓기 시작했어요. 길고 굵은 나무로 말뚝을 박고, 그 위에 마루를 깔고, 갈대를 엮어 지붕을 얹었어요. 메이는 물 위에 지은 집이 무척 마음에 들었어요.

헤잉과 메이는 새벽에는 작은 배를 타고 호수 가운데로 나가 고기를 잡고, 오전에는 쭌묘에서 채소를 가꾸었어요. 햇볕 뜨거운 한낮에는 해먹에 누워 호수에서 불어오는 시원한 바람을 맞으며 아기를 어르고 낮잠을 잤지요. 전에는 지루하기만 하던 이곳이 조금씩 좋아지지 시작했어요.

수상 가옥은 태국, 필리핀, 미얀마, 말레이시아 등 더운 지방에서 주로 지어요. 물가에 사는 것이 더 시원하고, 땅보다 뱀이나 해충 등 해로운 동물들로부터 더 안전하기 때문이에요. 고기잡이를 하는 데도 수상 가옥이 훨씬 유리하지요. 아예 배를 집으로 삼는 수상 가옥도 있는데, 이런 경우는 집을 통째로 움직일 수 있어 이동하기 편리해요. 갈대와 대나무로 만들어 물에 띄운 밭인 쭌묘에서는 채소도 기를 수 있어요.

티베트의 특별한 장례식
천장

빼마는 슬픔에 잠겼어요. 존경하던 잠양 선생님이 돌아가셨거든요. 빼마는 서둘러 선생님 집으로 달려갔어요. 마침 라마 승려들이 와서 불경을 외고 잠양 선생님을 좋은 곳으로 보내 달라고 기도를 하는 중이었어요. 빼마도 선생님을 생각하며 기도를 올렸어요.

빼마는 선생님의 시신이 집에 있는 3일 동안 매일같이 찾아갔어요. 오늘은 선생님이 돌아가시고 4일째 되는 날이에요.

"빼마, 이제 선생님을 하늘로 보내 드려야 한단다. 이제 곧 천장사가 와서 선생님을 모시고 올라갈 거야."

곧 몇 명의 천장사가 오더니 선생님의 시신을 수레에 실었어요.

"절대로 중간에 멈추거나 쉬어서는 안 돼요. 그럼 아버님이 좋은 곳으로 가지 못합니다. 아시지요?"

선생님의 아들은 신신당부를 하였어요.

천장을 할 산꼭대기에 도착하자 천장사들은 야크의 똥에 불을 지핀 다음 쌀겨를 태워 짙은 연기를 피웠어요. 그러자 독수리 떼가 까맣게 날아와 앉았어요. 마치 잠양 선생님이 가는 길을 호위하는 것처럼 말이지요. 독수리 떼가 다가와 시신을 모두 먹은 뒤 하늘 높이 날아갔어요. 빼마는 날아가는 독수리들에게 소리쳤어요.

"독수리들아, 선생님 영혼을 하늘나라로 보내 줄 거지? 선생님이 너희들에게 몸을 베푸셨으니 다음 생에는 더 좋은 집에서 태어나시겠지?"

티베트의 전통 장례 풍습은 독수리에게 시신을 처리하게 하는 천장이에요. 티베트 사람들은 독수리가 하늘 높이 올라가기 때문에 죽은 이의 영혼도 바로 하늘나라에 올라간다고 믿지요. 티베트의 자연환경은 무척 척박하여 시신을 처리할 마땅한 방법이 없었어요. 물이 귀한 곳이라 물속에 시신을 잠기게 할 수도 없고, 땅에 묻으면 시신이 잘 썩지 않아 문제가 되었지요. 또 나무가 많지 않기 때문에 화장을 하기도 어려웠어요. 그래서 천장을 하게 된 것이랍니다. 하지만 중국이 티베트를 지배하고 있는 현재, 천장은 불법이 되었어요.

24절기와 풍속 달력

24절기는 농사가 가장 큰일이었던 우리 조상들의 농사 달력이에요. 절기마다 달라지는 날씨와 계절에 맞추어 농사도 짓고, 집 안팎의 일도 했어요. 우리 조상들은 계절과 절기에 맞추어 어떻게 생활했고, 달마다 있는 명절에는 어떤 풍속이 있었는지 살펴보세요.

봄

24 절기	명절과 풍속
입춘(2월 4일경) 봄의 문턱을 넘어서는 때. 대문에 좋은 뜻의 글귀를 써서 붙이는데, 이것을 '입춘첩' 이라고 한다. **우수**(2월 19일경) 눈이 녹아 물이 되고 풀과 나무가 싹트기 시작한다.	**설날**(음력 1월 1일) 설빔, 떡국, 세배, 야광귀 쫓기. **정월대보름**(음력 1월 15일) 묵은 나물과 오곡밥, 부럼 깨기, 더위팔기.
경칩(3월 6일경) 봄기운이 감돌아 개구리가 겨울잠에서 깨어나는 때. **춘분**(3월 21일경) 늦추위까지 사라지는 때. 춘분을 지나면 낮이 길어지기 시작한다.	**영등날**(음력 2월 1일) 바람과 비를 관장하는 영등할머니를 맞이하는 날로 영등제를 지낸다. **무신일**(음력 2월 9일) 귀신 없는 날이라 하여 예로부터 집을 수리하거나 장을 담근다. 
청명(4월 5일경) 만물이 맑고 깨끗하게 자라나기 시작하는 때. **곡우**(4월 20일경) 곡우는 곡식에 필요한 비라는 뜻. 이때 내리는 빗물로 모내기 할 못자리를 만든다.	**한식**(4월 5일경) 찬밥 먹기, 성묘. **삼짇날**(음력 3월 3일) 제비가 돌아온다는 날. 장 담그기, 화전놀이. 

여름

24 절기	명절과 풍속
입하(5월 6일경) 여름의 문턱. 만물이 기운차게 자라기 시작해서 해충과 잡초도 많아진다. **소만**(5월 21일경) 여름이 무르익은 때. 모내기와 가을보리 베기, 밭농사와 김매기 등 농사일이 한창인 바쁜 농사철.	**초파일**(음력 4월 8일) 석가모니가 탄생한 날. 연등놀이.
망종(6월 6일경) 곡식의 종자를 뿌리기에 적당한 시기라는 뜻. **하지**(6월 21일경) 낮이 가장 긴 날. 옛날엔 이 무렵 장마가 시작되었다.	**단오**(음력 5월 5일) 약쑥과 익모초 뜯기, 창포물에 머리 감기, 수리취떡 먹기, 그네뛰기, 씨름. 
소서(7월 7일경) 본격적인 더위가 시작되는 때. **대서**(7월 23일경) 대개 중복 때이며, 더위가 가장 심하고, 여름 과일이 맛이 들어 먹기 좋다.	**유두**(음력 6월 15일) 풍년을 기원하는 고사를 지내고 흐르는 물에 몸을 씻고 과일과 국수를 먹으며 더위를 이긴다. **삼복**(초복, 중복, 말복) 1년 중 가장 더운 때로 삼복 더위라 한다. 삼계탕, 육개장 같은 보신 음식을 먹는다.

가을

24 절기	명절과 풍속

입추(8월 8일경)
가을의 시작. 늦더위가 남아 있지만, 제법 선선한 바람도 불기 시작한다.

처서(8월 23일경)
"처서가 지나면 모기도 입이 비뚤어진다"는 속담처럼 어느새 더운 기운이 물러난 가을.

칠석(음력 7월 7일)
1년 동안 떨어져 살던 견우와 직녀가 만나는 날. 옷과 책 말리기.

백중(음력 7월 15일)
백 가지 곡식의 씨앗이 갖춰지는 날. 과일을 사당에 올리기, 머슴과 일꾼들이 쉬는 호미씻이.

백로(9월 8일경)
가을이 깊어져 풀잎에 이슬이 맺힌다. 추수 때까지 잠깐 농사 일손을 쉬는 때.

추분(9월 23일경)
추분이 지나면 밤이 낮보다 길어지기 시작한다. 가을걷이에 농사일이 다시 바빠진다.

추석(음력 8월 15일)
벌초, 차례, 햅쌀 송편, 줄다리기, 강강술래.

한로(10월 8일경)
찬이슬이 맺히고, 단풍이 드는 깊은 가을.

상강(10월 23일경)
밤이 추워져 서리가 내리는 늦가을. 추수도 마무리되는 때.

중양절(음력 9월 9일)
국화가 피는 가을 한가운데. 국화전과 국화술, 단풍놀이.

겨울

24 절기	명절과 풍속
입동(11월 7일경) 물이 얼고 땅이 얼기 시작하는 겨울의 시작. **소설**(11월 23일경) 많지 않은 양이지만 눈이 내리기도 하는 때. 겨울이 깊어져 간다.	**김장**(입동 전후) 겨우내 먹을 김치를 넉넉하게 담근다. 
대설(12월 7일경) 눈이 많이 내리는 때. 예로부터 겨울에 눈이 많이 오면 다음 해 풍년이 든다고 한다. **동지**(12월 22일경) 동짓날에 이르면 밤이 가장 길어진다. 동지를 지나고 나면 서서히 낮이 길어지기 시작한다.	**동지** 작은 설, 팥죽 쑤어 먹기. 
소한(1월 6일경) 말 그대로 하면 작은 추위지만 실제로는 가장 추운 때. **대한**(1월 21일경) 큰 추위라는 뜻이지만, 소한 때만큼 춥지 않다. 대한이 지나고 나면 추위가 수그러들기 시작한다.	**섣달 그믐**(음력 12월 마지막 날) 묵은세배하기, 수세, 새해맞이 대청소. 

유래를 통해 배우는 초등 사회 3 문화
그래서 이런 풍속이 생겼대요

초판 발행 _ 2012년 1월 31일
초판 8쇄 발행 _ 2019년 6월 21일

글쓴이 _ 우리누리
그린이 _ 신명환
발행인 _ 이종원
발행처 _ 길벗스쿨
출판사 등록일 _ 2006년 6월 16일
주소 _ 서울시 마포구 월드컵로 10길 56 (서교동)
대표전화 _ Tel (02)332-0931 / 팩스 (02)323-0586
홈페이지 _ www.gilbutschool.co.kr / 이메일 _ gilbut@gilbut.co.kr

기획 및 책임편집 _ 김언수 / 제작 _ 이준호, 손일순, 이진혁
영업마케팅 _ 진창섭, 강요한 / 웹마케팅 _ 박정현, 구자연 / 영업관리 _ 정경화 / 독자지원 _ 송혜란, 홍혜진

편집진행 _ 고재은 / 표지 디자인 _ 이현주 / 본문 디자인 _ 이재경
필름출력 및 인쇄 _ 상지사피앤비 / 제본 _ 경문제책

ⓒ 우리누리, 신명환 2012

잘못된 책은 구입한 서점에서 바꿔 드립니다.
이 책에 실린 모든 내용, 디자인, 이미지, 편집 구성의 저작권은 길벗스쿨과 지은이에게 있습니다.
허락 없이 복제하거나 다른 매체에 옮겨 실을 수 없습니다.
ISBN 978-89-6222-788-8 (73380)
       978-89-6222-378-1 SET
       (길벗스쿨 도서번호 200186)

독자의 1초를 아껴주는 정성 길벗 출판사
(주)도서출판 길벗 | IT실용, IT전문서, IT/일반 수험서, 경제경영, 취미실용, 인문교양(더퀘스트) www.gilbut.co.kr
길벗이지톡 | 어학단행본, 어학수험서 www.eztok.co.kr
길벗스쿨 | 국어학습, 수학학습, 어린이교양, 주니어 어학학습, 교과서 www.gilbutschool.co.kr